Español en marcha 2

Curso de español como lengua extranjera

Libro del alumno

Francisca Castro Viúdez
Ignacio Rodero Díez
Carmen Sardinero Franco

Español Lengua Extranjera

SOCIEDAD GENERAL ESPAÑOLA DE LIBRERÍA, S. A.

SGEL

Primera edición, 2005
Tercera edición, 2007

Produce SGEL – Educación
Avda. Valdelaparra, 29
28108 Alcobendas (MADRID)

Diseño de cubierta: Fragmenta comunicación S. L.
Maquetación: Verónica Sosa y Leticia Delgado
Ilustraciones: Maravillas Delgado
Fotografías: Jesús García Bernardo, Araceli Aguilera Aguilera, Archivo SGEL, Cordon Press, S. L.

ISBN: 978-84-9778-187-9
Depósito legal: M-26217-2007
Printed in Spain – Impreso en España.

Impresión: Orymu, S.A.

Presentación

Español en Marcha 2 continúa la serie iniciada por el primer tomo y corresponde al nivel A2 del *Marco común europeo de referencia.* Al final de este segundo tomo los estudiantes podrán describir y narrar en términos sencillos aspectos de su pasado, describir algunos sentimientos y estados de ánimo, hablar de planes, así como expresar opiniones sencillas sobre temas variados y de actualidad. También se les proporcionan recursos para desenvolverse en situaciones cotidianas, relacionadas con necesidades inmediatas.

El libro empieza con un *Resumen gramatical* de los contenidos del nivel A1 que sirve como recordatorio y consulta a lo largo del curso. A continuación, cada una de las 10 unidades está compuesta de:

- Tres apartados (A, B y C) de dos páginas cada uno, en los que se presentan, desarrollan y practican los contenidos lingüísticos y comunicativos citados al inicio de cada uno de ellos. Cada apartado sigue una secuencia cuidadosamente graduada desde la presentación de las muestras de lengua hasta una actividad final de producción. A lo largo de cada unidad, el alumno tendrá la oportunidad de desarrollar todas las destrezas (leer, escuchar, escribir y hablar) así como de trabajar en profundidad la gramática, el vocabulario y la pronunciación, en una serie de tareas que van desde las más dirigidas hasta las más libres.

- Un apartado de *Autoevaluación,* con actividades destinadas a recapitular y consolidar los objetivos de la unidad y donde se incluye un test con el que el alumno podrá evaluar su progreso según los descriptores del *Portfolio europeo de las lenguas.*

- El apartado *De acá y de allá*, que contiene información del mundo español e hispanoamericano y tiene como objetivo desarrollar la competencia tanto sociocultural como intercultural del estudiante.

Al final de las unidades se incluyen las transcripciones de las grabaciones del CD, una *Referencia gramatical* y *léxico útil* organizada por unidades, una tabla con los verbos regulares e irregulares más frecuentes y, lo más interesante, un conjunto de tareas de "vacío de información" para desarrollar la expresión oral en parejas.

Español en marcha puede ser utilizado tanto en clases intensivas (de tres o cuatro horas diarias), como en cursos impartidos a lo largo de todo un año.

contenidos

Resumen gramatical del nivel A1

1. Nombres.

Género

▶ Los nombres referidos a personas y animales se presentan en masculino y femenino.

el hombre	*la mujer*
el profesor	*la profesora*
el gato	*la gata*

▶ Los nombres de cosas tienen género masculino o femenino.

Masculino

el libro, el examen, el hotel.
el tema, el problema, el idioma.

Femenino

la casa, la llave, la habitación.
la mano, la radio, la moto.

Este problema es muy fácil.

Número

Singular	Plural	
el hombre	*los hombres*	+ s
el hotel	*los hoteles*	+ es
el lunes	*los lunes*	–

2. Adjetivos.

▶ Tienen el género (masculino o femenino) y el número (singular o plural) del nombre al que acompañan.

el gato inteligente	*la gata inteligente*
los gatos inteligentes	*las gatas inteligentes*
el cantante marroquí	*la cantante marroquí*
los cantantes marroquíes	*las cantantes marroquíes*

3. Ser / Estar.

Ser

▶ Identificarse y presentar a otros.
  Yo soy Pedro y este es Carlos.

▶ Decir el origen, la nacionalidad.
  Pedro es mexicano, de México D.F.

▶ La profesión.
  Pedro es médico.

▶ Hablar de características.
  Mi casa no es muy grande, pero es nueva.

Estar

▶ Estados de ánimo.

  Mi jefe está muy enfadado.

▶ Situación de las personas y cosas.
  Andalucía está en el Sur de España.

4. Estar / Hay.

Hay

▶ Hablar de la existencia de algo.

*En mi barrio **hay** muchas tiendas de ropa.*

▶ Se utiliza siempre la forma **hay** para el singular y
para el plural.

hay	un / una / unos / unas…	+ nombre
	poco / mucho / bastante…	+ nombre
	algunos / algunas…	+ nombre
	dos, tres, cien…	+ nombre

*Cerca de aquí **hay** una estación de metro.*
***Hay** muchas cosas en esta habitación.*
*En clase **hay** veinte alumnos.*
*No **hay** pan para todos.*
***Hay** la una farmacia cerca.*

Estar

▶ Situación de algo que sabemos que existe.

*¿Dónde **está** la estación de metro?*
*Los niños **están** en el patio.*

5. Adjetivos posesivos.

Pronombres	Adjetivos posesivos	
Sujeto		
Yo	**mi** hijo/a	**mis** hijos/as
Tú	**tu** hijo/a	**tus** hijos/as
Él/ella/Vd.	**su** hijo/a	**sus** hijos/as
Nosotros/as	**nuestro** hijo	**nuestra** hija
	nuestros hijos	**nuestras** hijas
Vosotros/as	**vuestro** hijo	**vuestra** hija
	vuestros hijos	**vuestras** hijas
Ellos/ellas/Vdes.	**su** hijo/a	**sus** hijos/as

***Mi** hijo se llama Iván.*
*¿Cuál es **su** número de teléfono?*
***Nuestros** hijos estudian mucho.*

6. Demostrativos.

aquella moto
esa moto
esta moto

Pronombres y adjetivos			
Singular		Plural	
Masculino	Femenino	Masculino	Femenino
este	esta	estos	estas
ese	esa	esos	esas
aquel	aquella	aquellos	aquellas

Pronombres (neutro)		
esto	eso	aquello

¿Qué
es esto?

7. Preposiciones.

▶ **A**

*Voy **a** casa de Pepe.*
*El jefe viene **a** las cuatro.*
*Ayer vi **a** Elena en el metro.*

▶ **DE**

*El avión llega a las tres **de** la tarde.*
*Rubén es **de** Argentina.*
*Este mueble es **del** (de + el) siglo XXI.*
*Quiero un helado **de** chocolate.*

▶ **EN**

*Adela viene a clase **en** autobús.*
*Las llaves están **en** mi bolso.*
***En** 1998 fuimos a París.*

▶ **PARA**

*Compra arroz **para** hacer paella.*
*Este autobús va **para** el norte, llega a la plaza de Castilla.*

▶ **POR**

*Rafa viene el lunes **por** la mañana.*
*Este autobús no pasa **por** la plaza Mayor.*
*Envíamelo **por** correo urgente.*

8. Pronombres personales.

▶ Reflexivos.

Yo	**me**	ducho
Tú	**te**	duchas
Él/ella/Vd.	**se**	ducha
Nosotros/as	**nos**	duchamos
Vosotros/as	**os**	ducháis
Ellos/ellas/Vdes.	**se**	duchan

Objeto directo

Sujeto	Objeto directo	
Yo	**me**	*Mi secretaria **me** ayuda.*
Tú	**te**	*Yo **te** quiero.*
Él	**lo (le)**	*María **lo** quiere.*
Ella	**la**	*Yo no **la** conozco.*
Vd.	**lo, le, la**	*Ella **lo** vio (a Vd.)*
		*Ella **la** vio (a Vd.)*
Nosotros/as	**nos**	*Él **nos** conoce.*
Vosotros/as	**os**	*¿Él **os** conoce?*
Ellos	**los (les)**	*Ella **los** vio.*
Ellas	**las**	*Ella **las** vio.*
Vdes.	**los, les, las**	*Ella no **los/les** vio.*

▶ Pronombres complemento con preposición.

- Mí, conmigo (con + yo).
  *¿Esto es para **mí**?*
  *¿Vienes **conmigo** al cine?*

- Ti, contigo (con + tú)
  *Toma, esto es para **ti**.*
  *El niño va **contigo** al zoo.*

- En las demás personas es el mismo que el pronombre sujeto: *él, ella, nosotros, ellos.*
  *Rocío fue con **nosotros** al cine.*

▶ Pronombres en verbos pronominales.

(A mí)	**me**	gusta/n
(A ti)	**te**	gusta/n
(A él/ella/Vd.)	**le**	gusta/n
(A nosotros/as)	**nos**	gusta/n
(A vosotros/as)	**os**	gusta/n
(A ellos/as/Vdes.)	**les**	gusta/n

*A mí no **me gustan** las películas de terror.*

▶ Colocación de los pronombres en la frase.

• Los pronombres reflexivos y objeto van generalmente antes del verbo.
*Ellos **se** sientan allí.*
*Yo **lo** veo bien.*

• Cuando el verbo está en imperativo afirmativo van detrás y junto al verbo.
*¡Cálla**te**!*
*¡Da**me** eso!*

• Cuando el verbo está en infinitivo o gerundio, los pronombres pueden ir antes del verbo principal o detrás del infinitivo (o gerundio).
*Voy a ducha**rme** o **Me** voy a duchar.*
***Me** estoy duchando o Estoy duchándo**me**.*

9. Perífrasis *estar* + gerundio.

Estoy		
Estás		
Está	+	gerundio
Estamos		
Estáis		
Están		

A. *¿Qué hace Elena?*
B. *__Está leyendo__ el periódico.*

▶ Se usa la perífrasis *estar* + gerundio para hablar de acciones en desarrollo en este mismo momento o época.
¿A qué te dedicas últimamente?
***Estoy haciendo** un cursillo de hostelería, quiero trabajar de cocinero.*

10. Perífrasis *ir* + *a* + infinitivo.

Voy		
Vas		
Va	+ *a* +	infinitivo
Vamos		
Vais		
Van		

▶ Se usa *ir* + *a* + infinitivo para hablar de planes y predicciones.
*Este verano **voy a estudiar** árabe.*
*Dicen que el petróleo **va a subir** otra vez.*

El hombre del tiempo dice que va a llover mañana.

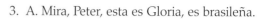

Saludar y presentarse.

A. ¿cómo estás?

1. Pregunta y responde a tus compañeros.

A. *¡Hola!, ¿cómo estás?*
B. *Bien, ¿y tú?*
A. *Bien. ¿De dónde eres?*
B. *De Brasil, ¿y tú?*
A. *Yo soy polaca.*

2. Relaciona las fotos y los saludos.

1. A. Buenos días, Carmen, ¿cómo está hoy?
   B. Regular, hija, regular. ☐ d

2. A. Hola, ¿estudias o trabajas?
   B. Las dos cosas. ¿Y tú? ☐

3. A. Mira, Peter, esta es Gloria, es brasileña.
   B. Hola, Gloria, ¿qué tal? ☐

4. A. Señor Beck, le presento a Juan Moreno, gerente de nuestra empresa.
   B. Encantado.
   C. Mucho gusto, señor Beck, encantado. ☐

3. Escucha y comprueba. **1**

COMUNICACIÓN

Presentaciones

Informal

ANA: *Mira, Pilar, este es Pablo.*
PILAR: *Hola, ¿qué tal?*
PABLO: *Bien...*

Formal

VICTORIA: *Señor Martínez, le presento a Carmen García, directora de marketing.*
SR. MARTÍNEZ: *Mucho gusto.*
CARMEN: *Encantada.*

4. En grupos de tres. A y B son compañeros de clase. A presenta a B a las siguientes personas.

A tu marido/mujer

A una amiga de tu madre

A tu abuelo/a

Al profesor/a

A tu jefe

A: Ana, mira, este es mi marido. Esta es Ana.

ANA: Hola, ¿qué tal?

GRAMÁTICA

Verbo Gustar

A mí	me		
A ti	te	**gusta**	el fútbol
A él/ella/Vd.	le		leer
A nosotros/as	nos	**gustan**	los deportes
A vosotros/as	os		
A ellos/as/Vdes.	les		

A mí no me gusta mucho leer, pero me gusta oír música, salir con los amigos y tomar el sol.
A mi novio Pablo le gustan mucho los deportes. También le gusta leer libros de historia y navegar por Internet. Pasa muchas horas delante del ordenador.

5. Completa con el pronombre y el verbo.

1. A Luis *no le gusta* mucho el fútbol.

2. A Rosa _____ andar por el campo.

3. A nosotras no _____ salir por la noche.

4. A mis hijos _____ leer.

5. ¿A Vd. _____ los dulces?

6. ¿A ti _____ ver la tele?

7. A ellos _____ mucho las películas.

8. A mi padre _____ leer biografías.

6. Pregunta a tu compañero si le gustan estas cosas.

	SÍ, MUCHO	SÍ, BASTANTE	NO MUCHO	NADA
el cine				
los animales				
tomar el sol				
los videojuegos				
navegar por Internet				
ver la tele				
jugar al fútbol				

7. Escribe sobre los gustos de tu compañero:

A Li no le gusta mucho el cine.

ESCUCHAR

8. Escucha y completa la ficha de un estudiante inglés de español. **2**

Nombre: Richard

Apellido(s): _____

Nacionalidad: _____

Profesión: _____

Domicilio: _____

Razones para estudiar español:

_____

Gustos: _____

9. Completa las preguntas.

1. ¿Cómo *te llamas*? ¿Y de apellido?

2. ¿De dónde _____ ?

3. ¿A _____ te dedicas?

4. ¿Dónde _____ ?

5. ¿Por qué _____ español?

6. ¿Cuánto _____ hace que _____ español?

7. ¿Qué te _____ hacer en tu _____ libre?

10. Pregunta a tu compañero y haz una ficha similar a la del ejercicio 8.

B. Duermo poco

1. Comenta con tus compañeros.

¿Cuántas horas duermes? ¿A qué hora te acuestas?
¿A qué hora te levantas? ¿Te gustaría dormir más?

LEER

2. Lee sobre la rutina de este escritor español.

ANDRÉS IBÁÑEZ

Es escritor, nació en Madrid el 3 de febrero de 1961. Es autor de las novelas *La música del mundo, El mundo en la era de Varick* y *La sombra del pájaro lira*. En 2001 ganó el premio Bartolomé March a la crítica. Trabaja como crítico en el suplemento cultural de *ABC* y en la revista *Delibros*. Vive en Madrid con su mujer y sus dos hijos, y trabaja como profesor de español en la Escuela Oficial de Idiomas de Madrid.

Todos los días se levanta a las ocho de la mañana, desayuna té con tostadas y lleva a su hijo de cinco años al colegio. A las nueve y cuarto se pone a escribir hasta la una menos cuarto. De vez en cuando toca el piano un poco. Luego hace la comida y come con su familia. Después de comer va andando a la escuela de idiomas. Le gusta ir andando porque pasa cerca del museo de Ciencias Naturales, y allí hay un enorme cedro del Líbano que es uno de los árboles más grandes de Madrid. Practica diariamente la meditación, y tres veces a la semana da una clase de yoga. Lo que más le gusta es ir a conciertos de música clásica o al teatro. Algunas veces tiene que salir a presentaciones de libros.

Por la noche, cuando todos duermen en la casa, dedica al menos un par de horas más a leer o escribir. Por eso se acuesta demasiado tarde y duerme poco.

3. Lee otra vez y señala verdadero (V) o falso (F). Corrige lo que sea falso.

1. Andrés Ibáñez nació en Madrid. [V]
2. Está divorciado y tiene dos hijos. ☐
3. Por la mañana no trabaja. ☐
4. No sabe cocinar. ☐
5. Va andando a la escuela de idiomas. ☐
6. Dos veces a la semana practica yoga. ☐
7. Por la noche escribe unas dos horas. ☐
8. No duerme mucho. ☐

ESCRIBIR

4. Escribe un párrafo sobre tu rutina. Léeselo a tu compañero.

GRAMÁTICA

5. Completa con el verbo adecuado en presente. No olvides el pronombre (*me, te, se, nos, os, se*).

```
acostarse – ir (x 4) – desayunar – volver
hacer (x 2) – ver – levantarse – salir
```

1. A. Carlos, ¿a qué hora *te levantas*?
   B. Muy temprano, a las 6.
2. A. ¿Cómo _____ al trabajo?
   B. Yo siempre _____ andando, me gusta pasear.
3. A. ¿Qué _____ ?
   B. Un café con leche, una magdalena y un zumo de naranja.
4. A. ¿A qué hora _____ de trabajar?
   B. A las cinco.
5. A. ¿ _____ algún deporte?
   B. Sí, _____ al gimnasio tres veces a la semana.
6. A. ¿Qué _____ los sábados por la noche?
   B. _____ al cine o a la discoteca.
7. A. ¿Qué _____ en la tele?
   B. Los informativos y algunas películas.
8. A. ¿A qué hora _____ ?
   B. Pronto, a las diez y media o las once.

BLAR

n parejas. Prepara ocho o nueve preguntas
ara tu compañero sobre su rutina. Hazle las
eguntas y toma nota.

qué hora te levantas los domingos?

7. Completa con el pronombre reflexivo
adecuado.

1. Andrés *se* levanta a las 8.

2. Rosa _____ ducha con agua fría.

3. Ellas _____ sientan en aquel banco.

4. Yo nunca _____ baño en la playa.

5. Nosotros _____ acostamos a las doce.

6. ¿A qué hora _____ acuesta usted?

7. ¿A qué hora _____ levantáis?

8. ¿Cuándo _____ casa tu hermana?

9. Mamá, ¿qué _____ pongo, el vestido negro o los
pantalones?

Perfil de estudiante

8. ¿Con qué frecuencia haces estas cosas? Escribe
al lado *todos los días*, *bastantes veces*, *algunas
veces*, *de vez en cuando*, *casi nunca*, *nunca*.

Escucho canciones en español: _____ .

Veo programas de televisión en español:

_____ .

Uso el diccionario: _____ .

Hago los deberes: _____ .

Estudio la gramática: _____ .

Hablo en español fuera de clase:

_____ .

Leo fuera de clase: _____ .

Escucho el casete del libro: _____ .

Chateo en español: _____ .

Escribo correos electrónicos en español:

_____ .

Tengo un cuaderno de vocabulario y lo repaso:

_____ .

9. Compara tus respuestas con las de tus
compañeros y coméntalas.

PRONUNCIACIÓN Y ORTOGRAFÍA

1. Escucha y señala la frase que oyes. **3**

1. Llego tarde. ✓	Llegó tarde.
2. No comió nada.	No como nada.
3. Espero hasta las tres.	Esperó hasta las tres.
4. Escribo muy bien.	Escribió muy bien.
5. Por la noche veo la tele.	Por la noche vio la tele.
6. No leo los periódicos.	No leyó los periódicos.
7. Me levanto muy temprano.	Se levantó muy temprano.
8. Desayuno con mi hermana.	Desayunó con su hermana.

C. Unas vacaciones inolvidables

1. Comenta con tus compañeros.

¿Recuerdas algunas vacaciones especialmente?
¿Fueron muy buenas o muy malas? ¿Adónde fuiste?
¿Con quién fuiste?

LEER

2. Lee.

El verano pasado estuve de vacaciones con mi familia en Turquía. Primero fuimos a Estambul, allí vimos la basílica de Santa Sofía y el palacio de Topkapi, compramos recuerdos en el Gran Bazar y dimos un paseo en barco por el Bósforo, por el mar de Mármara. Luego fuimos a la Capadocia donde pudimos admirar un paisaje extraordinario hecho por la erosión, un capricho de la naturaleza. Visitamos las ciudades subterráneas de Kaimakli y Ozkonak donde vivieron durante años los turcos.

Por último, visitamos las islas de Asia Menor y nos bañamos en las limpias aguas del mar Egeo. Lo que más me gustó es que en todas partes encontramos gente amable y hospitalaria.

3. Contesta las preguntas.

1. ¿Adónde fue Paloma de vacaciones el año pasado?
2. ¿Con quién fue?
3. ¿Qué hicieron en Estambul?
4. ¿Qué vieron en la Capadocia?
5. ¿Dónde se bañaron?
6. ¿Qué es lo que más le gustó?

GRAMÁTICA

Pretérito indefinido

Verbos regulares

	Trabajar	Comer	Salir
yo	trabaj**é**	com**í**	sal**í**
tú	trabaj**aste**	com**iste**	sal**iste**
él/ella/Vd.	trabaj**ó**	com**ió**	sal**ió**
nosotros/as	trabaj**amos**	com**imos**	sal**imos**
vosotros/as	trabaj**asteis**	com**isteis**	sal**isteis**
ellos/ellas/Vds.	trabaj**aron**	com**ieron**	sal**ieron**

Verbos irregulares

Dar	di, diste, dio, dimos, disteis, dieron.
Estar	estuve, estuviste, estuvo, estuvimos, estuvisteis, estuvieron.
Hacer	hice, hiciste, hizo, hicimos, hicisteis, hicieron.
Ir / Ser	fui, fuiste, fue, fuimos, fuisteis, fueron.
Poder	pude, pudiste, pudo, pudimos, pudisteis, pudieron.
Venir	vine, viniste, vino, vinimos, vinisteis, vinieron.

1 C

4. Lee y completa la historia con los verbos del recuadro en pretérito indefinido.

> ir (x 3) – pasar – tardar
> ser – llegar – encontrar – tener – estar
> gastar – recoger – volver

A. ¿Adónde (1) *fuiste* de vacaciones el año pasado, Pablo?

B. No quiero recordarlo, (2)_____ a Noruega.

A. ¿Y qué te (3)_____ ?

B. Bueno, (4)_____ en tren y (5)_____ dos días en llegar a Oslo, el viaje (6)_____ larguísimo. Cuando (7)_____ , hacía mucho frío y llovía (¡en agosto!) y no tenía ropa adecuada. Por la noche no (8)_____ sitio libre en el albergue de estudiantes y (9)_____ que ir a un hotel. No tienes idea de lo caros que son los hoteles de Oslo. (10)_____ tres días sin poder salir del hotel por la lluvia y el frío. Y (11)_____ todo el dinero en el hotel. Así que a los tres días (12)_____ mis cosas y (13)_____ a España.

A. ¡Vaya, hombre!

B. Sí, lo mejor fue que el día que cogí el tren para volver salió el sol.

5. Escucha y comprueba. **4**

6. Forma frases en pretérito indefinido.

1. Roberto (ir) de vacaciones a la Costa del Sol.
   Roberto fue de vacaciones a la Costa del Sol.
2. Ayer (venir) mis padres a verme.
3. El domingo pasado (ver) a Luisa.
4. Pilar (vivir) dos años en París.
5. Ayer (no estudiar) los verbos (yo).
6. La profesora (dar, le) el diccionario a Hans.
7. Yo no (venir) a clase el martes.
8. Ella no (poder) terminar el trabajo.
9. Nosotros (salir) a dar una vuelta anoche.
10. Hace dos años, yo (estar) de vacaciones en Cancún.

7. Mira los dibujos. ¿Qué hizo Rafael ayer domingo? Utiliza los verbos del recuadro.

> levantarse – desayunar – salir – comprar
> mojarse – resfriarse – ducharse
> acostarse – empezar a llover

8. Escucha y comprueba. **5**

Autoevaluación

1. Un director de cine español, Bigas Luna, describe cómo sería un día perfecto para él. Escribe los verbos entre paréntesis en presente de indicativo.

> Me *levanto* (1) muy pronto. Siempre lo (2)_____ (hacer) a las 6.30. (3)_____ (gustar) ver salir el sol. (4)_____ (trabajar) un poco: (5)_____ (escribir) o (6)_____ (leer). Luego (7)_____ (coger) la bicicleta y voy hasta un pueblo que se llama Deltebre, allí (8)_____ (desayunar) en un café de la plaza. (9)_____ (comprar) el periódico. (10)_____ (dar) un paseo por la playa. (11)_____ (comer) en Deltebre y (12)_____ (regresar) a casa. Por la tarde, (13)_____ (venir) mis amigos a mi casa. (14)_____ (cenar, nos.) espaguetis con aceite y ajo, (15)_____ (hablar) y (16)_____ (ver) una película. (17)_____ (acostarme) a las doce.
>
> *(EL PAÍS Semanal)*

2. En el texto siguiente hay 9 errores. Corrígelos.

> Llamo Dimitri y soy ruso, de San Petersburgo, pero ahora vivo a España desde hace dos años. Soy un técnico calefactor, trabajo en una empresa de calefacción. Soy soltero y me gusto mucho fútbol, salir con los amigo y bailar a la discoteca. Yo voy en la discoteca todo los fines de semana.

3. En cada frase falta un pronombre. Escríbelo donde corresponde.

1. A nosotros encanta salir por la noche.
2. Los domingos Jose levanta a las once o las doce.
3. ¿Gustan los bombones?
4. ¿A qué hora acuestan tus hijos?
5. Yo no levanto temprano.
6. Ella ducha con agua fría siempre.
7. ¿Gusta leer a Antonio?
8. ¿A usted gusta ver la tele?
9. ¿Vosotros bañáis en la piscina?
10. A mí no gustan nada las películas de miedo.

4. Escribe los verbos en pretérito indefinido.

1. Volver, yo _____
2. Ir, tú _____
3. Estar, yo _____
4. Venir, usted _____
5. Salir, él _____
6. Dar, nos _____
7. Hacer, él _____
8. Ser, ella _____
9. Ver, yo _____
10. Comprar, ella _____

5. Prepara un cuestionario para tu compañero/a sobre lo que hizo el domingo pasado. Luego pregúntale y haz un informe.

1. ¿A qué hora (levantarse)?
   ¿A qué hora te levantaste el domingo pasado?
2. ¿Adónde (ir)?
   _____
3. ¿Qué (hacer) por la mañana?
   _____
4. ¿Dónde (comer)?
   _____
5. ¿Con quién (comer)?
   _____
6. ¿(Estudiar) español?
   _____
7. ¿(Ver) la tele?
   _____
8. ¿Qué (hacer) por la tarde?
   _____

El domingo pasado mi compañera Yoriko se levantó a las nueve, luego…

_____

😊 😐 ☹️ *Soy capaz de…*

☐	☐	☐	*Saludar y presentar a otro.*
☐	☐	☐	*Hablar de rutinas.*
☐	☐	☐	*Hablar en pasado (pretérito indefinido).*

De acá y de allá

SALUDOS Y DESPEDIDAS

1. Mira las fotos y relaciona.

1. japoneses ☐

2. árabes ☐

3. europeos ☐

4. rusos ☐

2. ¿Qué hacen?

1. Se dan la mano:

2. Se besan:

3. Se abrazan:

4. Se inclinan:

5. Se llevan la mano al corazón:

SALUDOS

Cada país o región tiene sus propias fórmulas para saludar y expresar cariño y respeto a los demás.

En España e Hispanoamérica hay formas similares de saludo: los hombres en general se dan la mano y unas palmadas en la espalda y, si son muy amigos, se abrazan. Cuando un hombre y una mujer se conocen, pueden darse la mano, pero entre los jóvenes es habitual darse dos besos, primero en la mejilla izquierda y luego en la derecha. En muchos países hispanoamericanos sólo se dan uno. Los hombres no se besan entre ellos, sólo si son hermanos o padre e hijo.

Las mujeres se besan siempre entre ellas, tanto si es la primera vez que se conocen como si son amigas o familiares. Es habitual también darse abrazos en momentos emotivos.

Lo cierto es que los españoles e hispanoamericanos en general se tocan constantemente cuando hablan y eso, a veces, les molesta a algunos extranjeros. ¿Cómo es en tu cultura?

3. Lee el texto y señala verdadero o falso.

1. Los hombres se dan la mano normalmente. ☐

2. Los hombres no se besan nunca. ☐

3. Un hombre y una mujer nunca se besan la primera vez que se conocen. ☐

4. Las mujeres se besan siempre. ☐

5. Los españoles se tocan mucho entre ellos. ☐

4. ¿Qué te parece la forma de saludar de los españoles e hispanoamericanos? Piensa cómo son los saludos en tu cultura y comenta las diferencias con tus compañeros.

2 | Interrogativos.

A. ¿Quieres ser millonario?

1. Comenta con tus compañeros.

¿Te gustan los concursos de la televisión?
¿Cuál es el concurso más famoso en tu país?
¿Qué personajes de las fotografías conoces?

2. Lee y contesta el cuestionario.

2
A

1. ¿Dónde se encuentra la pirámide del Sol?
    a. Egipto ☐
    b. La India ☐
    c. México ☐

2. ¿Quién fue el primer hombre que pisó la Luna?
    a. Amstrong ☐
    b. Collins ☐
    c. Nixon ☐

3. ¿Qué novela dio fama a Cervantes?
    a. *Las mil y una noches* ☐
    b. *El Quijote* ☐
    c. *Romeo y Julieta* ☐

4. ¿Cuál es la capital de Dinamarca?
    a. Copenhague ☐
    b. Estocolmo ☐
    c. París ☐

5. ¿De qué país fue presidente Nelson Mandela?
    a. India ☐
    b. Marruecos ☐
    c. Suráfrica ☐

6. ¿Cuántos músicos formaban los Beatles?
    a. cinco ☐
    b. tres ☐
    c. cuatro ☐

ESCUCHAR

3. Escucha y comprueba. **6**

GRAMÁTICA

Pronombres interrogativos

¿QUÉ o CUÁL?

• Se utiliza *QUÉ* + verbo para dar a elegir entre varias cosas diferentes:

¿Qué prefieres, una camisa o unos pantalones?

• Para dar a elegir entre varias cosas del mismo tipo se utiliza:

a. *QUÉ* + nombre
  ¿Qué camisa prefieres, ésta o ésa?

b. *CUÁL* + verbo
  ¿Cuál prefieres, ésta o ésa?

CUÁNTO/A/OS/AS

CUÁNTO + verbo
¿Cuánto le debo?

CUÁNTO/A/OS/AS + nombre
¿Cuántos hijos tienes?
¿Cuántas horas entrenas?
¿Cuánta azúcar quieres?
¿Cuánto dinero llevas?

4. Ordena las preguntas siguientes. Después, contéstalas.

1. ¿ver / televisión / qué / en / te / la / gusta?
   ¿Qué te gusta ver en la televisión?
2. ¿amigos / tus / adónde / con / vas?
3. ¿practicas / deporte / qué?
4. ¿tu / cuál / actriz / es / favorita?
5. ¿tu / es / cuál / favorito / escritor?
6. ¿duermes / horas / por / cuántas / noche / la?
7. ¿carne / prefieres / qué / la / pescado / o / el?
8. ¿hay / clase / en / cuántos / tu / compañeros?
9. ¿bebes / día / cuánta / al / agua?
10. ¿qué / arroz / prefieres / pan / o?

5. Completa las preguntas siguientes con un pronombre interrogativo. Luego, relaciónalas con sus respuestas.

> cuándo – cuál – cuántas – dónde – quién
> cuánto – cómo – quién – qué

1. ¿*Cómo* vienes a clase? ☐
2. ¿A _____ has llamado por teléfono? ☐
3. ¿ _____ vas a acostarte? ☐
4. ¿ _____ están los niños? ☐
5. ¿ _____ has comprado? ☐
6. ¿ _____ le debo? ☐
7. ¿ _____ te gusta más? ☐
8. ¿De _____ es esto? ☐
9. ¿ _____ manzanas hay? ☐

a. El rojo.
b. De Juan.
c. A María.
d. Andando.
e. No hay muchas.
f. A las once y media.
g. En su cuarto.
h. Veinte euros.
i. Un libro para mí.

ESCUCHAR

6. Estas son las respuestas del ciclista Carlos Hernández. Escribe las preguntas.

1. *¿Dónde vives?*
   Vivo en Toledo.
2. Me levanto a las seis de la mañana.
3. Entreno todos los días, menos uno.
4. Mi día de descanso es el lunes.
5. Bebo tres litros de agua al día.
6. Como mucha pasta y alimentos energéticos.

7. Escucha la entrevista radiofónica y comprueba. **7** 🔘

HABLAR

8. Imagina que tu compañero es un deportista famoso y hazle la entrevista del ejercicio anterior.

2 A

Narrar.

B. Biografías

1. ¿Qué sabes de Carlos Gardel? Prepara algunas preguntas.

¿Nacionalidad?   *¿Profesión?*
¿Casado?   *¿Estilo?*

2. Lee y escucha la biografía de Carlos Gardel y responde a las preguntas anteriores. **8**

CARLOS GARDEL

"Nací en Buenos Aires, Argentina, a los dos años y medio de edad", respondía Carlos Gardel a las preguntas sobre su nacimiento.

Probablemente nació en Toulouse, Francia, el 11 de noviembre de 1890, pero desde muy pequeño vivió en el barrio porteño de Buenos Aires.

Empezó a cantar en el coro escolar y en las calles de su barrio, donde trabajaba en diversos oficios.

En 1913 él y su compañero José Razzano cantaron en el cabaré más lujoso y caro de Buenos Aires, el Armenoville, y tuvieron tanto éxito que el público los sacó a hombros por las calles. Entonces el propietario del cabaré les hizo un contrato con un sueldo increíble para el dúo.

En 1917, el poeta Pascual Contursi compuso el primer tango-canción, titulado *Mi noche triste*. Carlos Gardel la grabó poco después, y se convirtió así en el primer cantor de tango-canción. Gardel fue el inventor de una manera de cantar el tango. A partir de este momento, su fama creció; en su repertorio había canciones criollas, sambas, valses, pasodobles, etcétera.

Durante los años 20, Gardel viajó a Europa. Durante los años 30 hizo varias películas: *Luces de Buenos Aires, Espérame, El día que me quieras…*

Junto al poeta Alfredo Le Pera, Gardel compuso canciones tan conocidas como *Mi Buenos Aires querido* y *Volver*, y con ellas conquistó al público de Europa y América. Nunca se casó.

El 24 de junio de 1935, durante una gira por Latinoamérica, murió en un accidente de avión en Medellín. Y nació el mito.

3. Formula las preguntas y busca las respuestas en el texto.

1. ¿Dónde / nacer / Carlos Gardel?

2. ¿Dónde / empezar a cantar?

3. ¿Quién / ser / su compañero de canto?

4. ¿Qué / inventar / Gardel?

5. ¿Qué / hacer / en los años 20?

6. ¿Qué / hacer / en los años 30?

7. ¿Cuándo / casarse?

8. ¿Cuándo / morir?

9. ¿Cómo / morir?

GRAMÁTICA

> • El **pretérito indefinido** se usa especialmente en las biografías con marcadores temporales concretos:
>
> *Carlos Gardel **nació** el 11 de noviembre de 1890.*
>
> • También se usa el **pretérito indefinido** cuando hablamos de un periodo de tiempo cerrado:
>
> *Durante los años 20, Gardel **viajó** a Europa.*

4. Completa la biografía de Celia Cruz con los verbos del recuadro en pretérito indefinido.

> nacer – fallecer – grabar – empezar (x 3)
> dejar – instalarse – recibir – ganar

CELIA CRUZ

LA REINA DE LA SALSA

Celia Cruz *nació* el 21 de octubre de 1929 en La Habana, Cuba.

Celia (1)_____ a cantar desde pequeña, y lo hacía muy bien.

En 1947 (2)_____ un premio por cantar en la radio y, entonces, (3)_____ a estudiar música.

En 1950 (4)_____ a trabajar en la banda musical "La Sonora Matancera", y con ese grupo (5)_____ la Cuba de Fidel Castro en julio de 1960, y (6)_____ en Estados Unidos.

En Estados Unidos (7)_____ varios discos con Tito Puente y con otros salseros reconocidos a nivel mundial.

Durante los años 90, (8)_____ muchos premios, pero el más memorable es quizás el que recibió de manos del presidente de Estados Unidos, Bill Clinton, el Dote Nacional por las Artes.

La *Reina de la Salsa* (9)_____ el 16 de julio de 2003 en Nueva Jersey a causa de un cáncer.

5. Escucha y comprueba. **9**

ESCRIBIR Y HABLAR

6. En grupos de tres. Con tus compañeros, piensa en un personaje famoso de tu país y escribe una biografía. Puede ser actor, político, escritor, pintor, etcétera.

PRONUNCIACIÓN Y ORTOGRAFÍA

> **Acentuación de los interrogativos**
>
> • Los pronombres *qué, cómo, cuándo, cuánto,* etc., llevan tilde cuando son interrogativos, tanto directos como indirectos:
>
> *¿**Cómo** se llama el director?*
> *Yo no sé **dónde** vive Juan.*
>
> • También lleva tilde el verbo en pretérito indefinido (la primera y tercera persona) si es regular.
>
> *Habló, empezó, vivió…*
>
> • No llevan tilde los irregulares:
>
> *Hizo, vino, pudo...*

1. En las frases siguientes hemos omitido todas las tildes. Colócalas en su sitio.

1. Elena nacio en 1956 y cuando tenia 19 años conocio a Pablo, su marido.

2. ¿Cuando nacio tu hijo?

3. ¿Quien vino anoche a tu casa?

4. ¿Cuantas novelas escribio Cervantes?

5. Ayer, Luis llego tarde a la reunion.

6. ¿En que año se casaron tus padres?

7. Mi marido no llamo por telefono.

8. Ese actor hizo varias peliculas importantes.

9. Yo nunca llego tarde, soy muy puntual.

10. El dijo: "naci en 1954".

C. Islas del Caribe

1. Lee y completa los textos con los números del recuadro.

> 10 millones – 10.990 – 1865 – ~~1959~~
> 40 – 1962 – 55 – 110.860 – 7.500.000
> 48.730 – 1898

Las islas del Caribe forman una cadena desde la costa de Florida hasta Venezuela. Cuentan con unas hermosas playas, a las que los turistas acuden en masa.

CUBA Es el único estado comunista del continente americano, y Fidel Castro es su presidente desde (1) *1959*. Tiene una superficie de (2)_____ km^2. Consiguió la independencia de España en (3)_____ . Tiene una población de más de (4)_____ de habitantes. El (5)_____ % de la población es católica y el (6)_____ % no practica ninguna religión. Su idioma oficial es el español.

JAMAICA Es la tercera isla caribeña por su tamaño, (7)_____ km^2. Políticamente es una democracia parlamentaria y consiguió su independencia del Reino Unido en (8)_____ . Su idioma oficial es el inglés. La mayor parte de sus ingresos procede del turismo.

REPÚBLICA DOMINICANA Es la segunda isla más grande del Caribe, con una superficie de (9)_____ km^2, y con una población de (10)_____ habitantes. En (11)_____ consiguió su independencia de España. Su idioma oficial es el español.

2. Escucha y comprueba. **10**

3. Lee el texto otra vez y contesta las preguntas.

  1. ¿Qué sistema político tienen en Cuba?

  2. ¿Cuántos años hace que Cuba es independiente?

3. ¿Cuál de las tres islas tiene mayor superficie?

4. ¿Cuál es la isla más pequeña?

5. ¿Qué sistema político tienen en Jamaica?

6. ¿Qué lengua se habla en la República Dominicana?

HABLAR

4. En parejas. Escribe diez números del 1 al 10.000.000 y díctaselos a tu compañero. Después, compruébalos.

5. Completa el calendario con los meses del año del recuadro.

> junio – diciembre – agosto – febrero
> octubre – abril

Meses del año

enero   julio

_____   _____

marzo   septiembre

_____   _____

mayo   noviembre

_____   _____

6. Escucha y relaciona. **11**

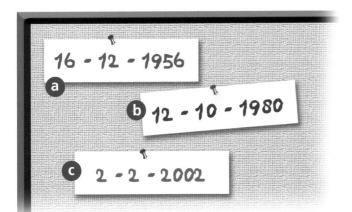

a 16 - 12 - 1956

b 12 - 10 - 1980

c 2 - 2 - 2002

1. doce de octubre de mil novecientos ochenta. ☐

2. dos de febrero de dos mil dos. ☐

3. dieciséis de diciembre de mil novecientos cincuenta y seis. ☐

7. Escucha y completa las fechas. **12**

a. 22 - *agosto* - 1953

b. 11 - 3 - _____

c. 14 - _____ - 2003

d. _____ - 6 - 1789

e. 30 - _____ - 1493

f. _____ - 7 - 1945

8. Responde las siguientes preguntas como en el ejemplo.

1. ¿Cuándo es tu cumpleaños? (16-XII)
   El dieciséis de diciembre.

2. ¿Cuándo se celebra el día de Navidad? (24-XII)

3. ¿Cuándo se celebra el día de Año Nuevo? (1-I)

4. ¿Cuándo se celebra el Día de la Hispanidad? (12-X)

5. ¿Cuándo se celebra la fiesta nacional en tu país?

HABLAR

9. Pregunta a varios compañeros la fecha de su cumpleaños y toma nota.

A. *Ángel, ¿cuándo es tu cumpleaños?*
B. *El 12 de octubre.*

10. En parejas. En cuatro papelitos escribe cuatro fechas importantes para ti. Mezcla los papelitos con los de tu compañero, ordenándolos cronológicamente. Después pregunta como en el ejemplo.

A. *¿Qué pasó el 3 de diciembre de 1987?*
B. *El 3 de diciembre de 1987 conocí a Pepe, mi primer novio.*
A. *¿Cómo fue?, ¿dónde?…*

11. Escucha la canción *Eva María se fue* y responde: ¿qué se llevó Eva M.ª a la playa? **13**

2
C

Autoevaluación

1. Completa las preguntas con el pronombre interrogativo correspondiente. Después, relaciona cada pregunta con su respuesta.

1. ¿*Adónde* fuiste el domingo por la tarde? ☐
2. ¿ _____ vas a clase de español? ☐
3. ¿ _____ vienes a clase? ☐
4. ¿ _____ hermanos tienes? ☐
5. ¿ _____ compañeras hay en tu clase? ☐
6. ¿ _____ es tu color preferido? ☐
7. ¿ _____ comida te gusta más? ☐
8. ¿ _____ cuesta esta camisa? ☐

a. En autobús.   e. La tortilla española.
b. El verde.   f. No tengo ninguno.
c. 54 €.   g. Martes y jueves.
d. Al cine.   h. Doce.

2. Corrige los errores.

1. ¿Cuál libro quieres?
   ¿Qué libro quieres?
2. ¿Cuántas idiomas hablas?
   _____
3. En el partido hay más de un mil espectadores.
   _____
4. Llegamos a Cuba el décimo de septiembre.
   _____
5. Vinieron a la boda más de doscientos personas.
   _____
6. Yo nació en 1967.
   _____
7. Celia Cruz empezó cantar desde pequeña.
   _____
8. ¿Qué vino a verte ayer?
   _____

3. Escribe las siguientes fechas y cantidades.

1. 350.000 personas.
   Trescientas cincuenta mil personas.
2. 10-12-1492
   _____
3. 25-05-2004
   _____
4. 1.246.000
   _____
5. 6.496 espectadores
   _____
6. 6-01-1999
   _____
7. 532 km
   _____
8. 1.400 personas
   _____

4. Completa el texto con la forma correcta del verbo (indefinido o imperfecto).

PABLO RUIZ PICASSO (1) *nació* (nacer) en Málaga el 28 de octubre de 1881. Su padre, profesor de dibujo, le (2)_____ (enseñar) a pintar. Con 14 años (3)_____ (trasladarse) a Barcelona con su familia y (4)_____ (estudiar) en la Escuela de Bellas Artes. En 1904 se (5)_____ (ir) a París. Durante esta primera época, en sus cuadros (6)_____ (pintar) el ambiente parisino.

Su obra (7)_____ (evolucionar), y pasó por distintas épocas, en las que sus cuadros (8)_____ (mostrar) la pobreza, el amor, la naturaleza... En 1937 (9)_____ (pintar) el Guernica, un cuadro sobre la guerra, considerado una de las obras más importantes del siglo XX. Una de sus últimas exposiciones (10)_____ (ser) en el Museo de Louvre en 1971, cuando el artista tenía 90 años. Picasso (11)_____ (morir) en Mougins en 1973.

😃😐☹️ *Soy capaz de...*

☐☐☐ *Formular preguntas.*

☐☐☐ *Escribir una biografía.*

☐☐☐ *Decir los números y hablar de fechas.*

2 D

De acá y de allá

LA ALHAMBRA

1. ¿Qué sabes de la Alhambra de Granada? Coméntalo con tu profesor.

LEER

2. Lee y escucha. **14**

BIENVENIDOS A LA
ALHAMBRA DE GRANADA

La Alhambra está en Granada, sobre una alta colina, desde la que se puede ver toda la ciudad.

La Alhambra es un palacio-ciudadela donde residían los sultanes y los altos funcionarios de la corte árabe. Se empezó a construir en el siglo XIII. Es un conjunto monumental en el que se distinguen distintas zonas: los palacios, la zona militar o Alcazaba, la ciudad o Medina y el Generalife. Todo ello está rodeado de bosques, jardines y huertas.

También podemos encontrar edificios de otras épocas, como el palacio de Carlos V (s. XVI), donde se halla el Museo de la Alhambra.

Miles de visitantes se maravillan cada año ante la combinación de patios, arcos y fuentes; especialmente el patio de los Leones, representación del paraíso en la arquitectura islámica.

Para apreciar los valores arquitectónicos y paisajísticos de la Alhambra es aconsejable acercarse al barrio del Albaicín o al Sacromonte. Desde ellos puede observarse la relación de la Alhambra con la ciudad de Granada.

2 D

3. ¿Verdadero o falso? Corrige las falsas.

1. La Alhambra se encuentra en Córdoba. ☐

2. Los sultanes vivían en la Alhambra. ☐

3. Tres zonas distintas forman actualmente la Alhambra de Granada. ☐

4. Los distintos edificios están unidos por jardines y bosques. ☐

5. El museo de la Alhambra se encuentra en el Generalife. ☐

6. Desde el barrio del Albaicín se ve la Alhambra. ☐

Describir a la familia.

A. La boda de Pili

1. Mira la foto y comenta con tu compañero.

¿Qué están celebrando?
¿Se visten igual las novias en tu país?
¿En qué otras fiestas se reúne toda la familia?

2. Lee y escucha a Carmen hablando de la boda de su hermana. **15**

Hoy se casan mi hermana Pili y Carlos. Es un día muy importante para toda la familia. Nacho, mi marido, está un poco nervioso. Se casan por la mañana y después nos vamos a comer a un restaurante. Vienen los amigos de los novios, mi hermano, mi cuñada Bárbara, mis sobrinos, mis padres y la familia del novio. Mis hijos están muy contentos porque van a encontrarse con sus primos. Se lo pasan muy bien los cuatro juntos, y los abuelos disfrutan mucho con sus nietos. Los amigos de mi hermana son muy divertidos y seguro que nos vamos a reír mucho. Después vamos a tomar unas copas con las hermanas de Carlos y sus maridos, que son muy cariñosos y amables. Menos mal que no viene su tío Juan. Es un señor bastante pesado. Creo que todo va a salir estupendamente.

3. Contesta las preguntas.

1. ¿Qué fiesta se celebra?
2. ¿Cuántos nietos tiene la madre de Pili?
3. ¿Qué invitados son muy divertidos?
4. ¿Quiénes son cariñosos y amables?
5. ¿Quién es aburrido?

ESCUCHAR

4. Escucha y completa el árbol genealógico de la familia de Pili. Utiliza las palabras del recuadro. **16**

> hermano – sobrino (x 3) – cuñada – madre
> hermana – sobrina – cuñado – marido

Jacinto   Pilar
Padre   _____

Nacho   Carmen   Jacinto   Bárbara   **Pili**   Carlos

Ana – Pablo   David – Sergio

JACINTO Y PILAR   PILI Y CARMEN   ANA

5. ¿Verdadero o falso?

1. Pablo y Sergio son primos. ☑

2. Ana es la prima de Pablo. ☐

3. Jacinto es el cuñado de Carlos. ☐

4. Los abuelos tienen una nieta y tres nietos. ☐

5. Carlos es el marido de Carmen. ☐

6. David y Sergio son hijos de Jacinto. ☐

7. Pili tiene un hermano y una hermana. ☐

VOCABULARIO

6. ¿Qué adjetivo corresponde a cada definición?

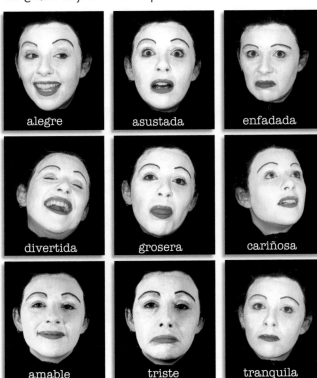

1. Me río mucho cuando estoy con él: *divertido*

2. Es un maleducado. No respeta a los demás:

   _____

3. Está indignado: _____

4. Siempre se siente muy infeliz: _____

5. Es muy simpático y cariñoso: _____

6. Me besa, me abraza, se muestra muy tierno conmigo: _____

7. Siempre está feliz: _____

8. Algunas veces tiene miedo: _____

9. No se pone nervioso. Siempre permanece en calma: _____

GRAMÁTICA

Ser – Estar

El verbo **ser** nos sirve para describir el carácter.
Mi hermano es muy divertido.

El verbo **estar** nos sirve para hablar del estado de ánimo.
En la foto está muy serio.

7. Elige la forma correcta.

1. Mis primos *son / están* muy amables

2. Hoy mi hermana *es / está* muy nerviosa.

3. Los amigos de Carlos *son / están* muy divertidos.

4. Algunas personas *son / están* bastante egoístas.

5. Por las mañanas, yo siempre *soy / estoy* contento.

6. Esa señora *es / está* una pesada.

7. Después de la siesta, los niños *son / están* muy tranquilos.

HABLAR

8. En parejas. *A* describe a un compañero/a y *B* adivina de quién se trata.

9. En grupos de cuatro. ¿Cómo son tus padres? ¿Y tus hermanos? ¿Cuál es el miembro de tu familia que más te gusta? Descríbelo.

La persona que más me gusta es mi tío Juanjo. Es soltero, vive solo, pero le gusta mucho salir con los amigos. Es amable y generoso, siempre me deja su coche.

3
A

*Hablar del pasado
reciente y de experiencias.*

B. ¿Cómo te ha ido hoy?

1. Lee y escucha. **17**

NOTICIAS DE LA TIERRA

En las últimas 24 horas:

- Más de 250.000 mujeres han sido madres.
- La Tierra ha recorrido más de 40.000 kilómetros.
- Los distintos gobiernos del mundo han gastado más de dos billones de euros en armas.
- La contaminación de la Tierra ha aumentado.
- Los europeos han comido más de dos millones de pizzas.
- Más de 35.000 personas han muerto de hambre en el mundo.

2. ¿Verdadero o falso?

1. La contaminación aumenta día a día. ☐
2. No muere mucha gente de hambre. ☐
3. Las pizzas son una comida muy popular en Europa. ☐
4. Más de 200.000 mujeres tienen hijos cada día. ☐

GRAMÁTICA

Pretérito perfecto

He		**Participios regulares**	
Has			
Ha	+ participio	**Gastar**	gast**ado**
Hemos		**Comer**	com**ido**
Habéis		**Salir**	sal**ido**
Han			

Participios irregulares

Abrir	abierto	**Ser**	sido
Ver	visto	**Hacer**	hecho
Decir	dicho	**Escribir**	escrito
Morir	muerto	**Volver**	vuelto

3. Completa el diálogo con el pretérito perfecto de los verbos entre paréntesis.

HOMBRES DE SU CASA

LAVAN, COCINAN, PLANCHAN, HACEN LA COMPRA. SON LOS NUEVOS AMOS DE CASA. SON POCOS, PERO AUMENTAN DÍA A DÍA. LEO ES UNO DE ELLOS.

LEO: ¿Qué tal? ¿Cómo te (1) *ha ido* (ir) hoy?

ANA: El día (2)_____ (ser) terrible. Juan y yo (3)_____ (tener) una reunión de cuatro horas con los clientes japoneses y luego (4)_____ (terminar) el informe para la comisión económica. Y tú, ¿qué tal?

LEO: Yo también (5)_____ (tener) hoy mucho trabajo. Primero, (6)_____ (llevar) a los niños al colegio, después (7)_____ (hacer) la compra y luego (8)_____ (planchar) la ropa antes de hacer la comida. Por la tarde los niños y yo (9)_____ (estar) en el parque con los amiguitos de Pablo.

ANA: ¡Uff, qué día! Ahora nos queda un ratito para descansar y ver la televisión.

3B

4. Escucha y comprueba. **18** 🔘

5. Escribe 10 frases sobre lo que has hecho hoy y léeselas a tu compañero.

He enviado varios correos a mis amigos.

GRAMÁTICA

> • Usamos el **pretérito perfecto** para preguntar por experiencias.
>
> *¿Has montado alguna vez en globo?*
>
> • En las respuestas usamos el **pretérito perfecto** o el **pretérito indefinido** según el marco temporal de la acción (experiencia).
>
> – *No, no he montado nunca.*
> – *Sí, he montado muchas veces.*
> – *Sí, monté una vez el verano pasado.*

6. Completa las preguntas. Utiliza el pretérito perfecto de los verbos del recuadro.

> arreglar – perder – comer – llegar – hablar
> ver – escribir – ~~montar~~ – ir – plantar

¿Lo has hecho alguna vez?

1. ¿*Has montado* en globo alguna vez?
2. ¿ _____ las llaves?
3. ¿ _____ un poema?
4. ¿ _____ una bicicleta?
5. ¿ _____ tarde a una reunión?
6. ¿ _____ en público?
7. ¿ _____ pescado crudo?
8. ¿ _____ a la ópera?
9. ¿ _____ un árbol?
10. ¿ _____ un cuadro de Picasso?

HABLAR Y ESCRIBIR

7. Hazle las preguntas del ejercicio 5 a tu compañero. Anota las respuestas y escribe un párrafo o unas frases.

Michel no ha montado nunca en globo, pero ha viajado en avión muchas veces. No ha escrito nunca poesía ni ha arreglado una bicicleta.

LEER

8. Elige la forma correcta del verbo.

Esta mañana (1) leímos / *hemos leído* en la prensa la noticia de que el famoso grupo "Pasión Imposible" (2) decidió / ha decidido separarse. Ya el año pasado (3) se oyeron / se han oído rumores de que el grupo (4) estaba / ha estado en crisis.

La situación (5) se resolvió / se ha resuelto con la grabación de un nuevo disco. Pero por fin en las últimas 24 horas (6) saltó / ha saltado la noticia.

(7) Se suspendió / se ha suspendido el concierto previsto para hoy en Madrid y la noticia añade que hace unas horas (8) decidieron / han decidido dar por terminada su relación profesional, a pesar del gran éxito que (9) tuvieron / han tenido en la gira del año pasado.

3B

C. No se puede mirar

1. Mira los dibujos. ¿Dónde están? ¿Qué hacen?

2. Lee los consejos y normas de la revista *El Viajero* y relaciónalos con las ilustraciones.

EL VIAJERO

Para viajar sin problemas hay que tener en cuenta algunas normas y consejos.

1. En algunas zonas de África, hay que pedir permiso antes de hacer una fotografía a una persona. `a`

2. En los países árabes, hay que quitarse los zapatos antes de entrar a las mezquitas. ☐

3. En Inglaterra, no se puede señalar a la gente con el dedo. ☐

4. En Japón, no se puede mirar a la gente a los ojos. ☐

5. En Tailandia, hay que recibir los regalos con las dos manos. ☐

6. En Francia, hay que dar tres besos a un amigo cuando te lo encuentras. ☐

GRAMÁTICA Y COMUNICACIÓN

- *Hay que / no hay que* + infinitivo se usa para expresar obligaciones generales.

  *Para preparar un biberón **hay que** hervir el agua.*

- *(No) se puede* + infinitivo se usa para expresar permiso o prohibición.

  *En esta zona **se puede** jugar al fútbol.*
  *No **se puede** beber agua de esa fuente.*

3. Hemos preguntado a algunos estudiantes de español sobre las diferencias culturales. Lee y subraya la opción correcta.

BARBORA ZEMKOVA / Checa

Vivo en España desde hace dos años, y hay algunas cosas en la forma de comer de los españoles que no entiendo. Por ejemplo, no sé por qué (1) *hay que / no hay que* comer tanto pan. O por qué (2) *hay que / no hay que* mezclar el arroz y los huevos fritos, o las lentejas de primero y el pescado de segundo, cuando son platos que por separado ya alimentan suficientemente. Pero las tapas y los pinchos me encantan.

XUAN-THANH / Chino

La educación en mi país está muy marcada por el respeto y la disciplina. Por ejemplo, cuando entra un profesor en la clase (3) *hay que / no se puede* levantarse e inclinar la cabeza.

(4) *No se puede / hay que* llamarle por su nombre, ni mucho menos tutearle.

ROSA NENKOVA / Ucraniana

Al llegar a España sentí una gran liberación al comprobar que en este país todo es posible: (5) *hay que / no hay que* pagar las multas inmediatamente, (6) *hay que / no hay que* cumplir los horarios puntualmente y cada uno aparca el coche donde quiere.

ESCUCHAR

4. Escucha a Svieta Lauruska, de Bielorrusia, hablando de su experiencia. Completa las frases con *hay que / no hay que / no se puede*. **19**

1. En España, cuando encuentras a un conocido *hay que* darle dos besos.
2. En España, cuando entras a una casa _____ dejar los zapatos fuera.
3. En Bielorrusia, _____ llamar de "tú" al profesor.
4. En Bielorrusia, _____ levantarse cuando el profesor entra en el aula.
5. Para adaptarse bien a un país _____ conocer su idioma.

5. ¿Qué hay que hacer si nos encontramos con las siguientes señales? Usa *hay que / no hay que / no se puede*, más los verbos del recuadro.

> tocar – parar – fumar – ~~hablar~~
> enseñar – beber

1. *No se puede hablar.*

PRONUNCIACIÓN Y ORTOGRAFÍA

Sílaba tónica

En todas las palabras hay una sílaba que se pronuncia con más fuerza. Es la sílaba tónica. Según el lugar de la sílaba tónica, las palabras se clasifican en:

Agudas: Cuando la sílaba tónica es la última.
Llanas: Cuando la sílaba tónica es la penúltima.
Esdrújulas: Cuando la sílaba tónica es la antepenúltima.

1. Escucha y observa la sílaba tónica. **20**

> **mé**dico – co**mer** – **li**bro – ven**ta**na – lec**ción**
> pa**só** – me**jor** – **rá**pido – **ma**no – be**bí**
> can**té** – tra**ba**jo – traba**jó**

2. Escucha otra vez y repite. **20**

3. Escucha las palabras siguientes y subraya la sílaba tónica. **21**

> café – mesa – música – Madrid – español
> madre – árabe – estudiar – comí – comió
> como – vino – venir – móvil – teléfono
> profesor – nacional – zapato – camisa

4. Escribe cada palabra en la columna correspondiente.

Esdrújulas	Llanas	Agudas
música	*ventana*	*café*

 **Autoevaluación**

1. Escribe el contrario de los adjetivos del recuadro.

> feo – grosero – nervioso – triste – aburrido

1. *feo – guapo.*
2. _____
3. _____
4. _____
5. _____

2. ¿Qué parentesco tienen conmigo las siguientes personas?

1. El hijo de mi madre: *mi hermano.*
2. El marido de mi hermana: _____ .
3. La hija de mi hermano: _____ .
4. El hijo de mi tío: _____ .
5. La hermana de mi primo: _____ .
6. La mujer de mi hermano: _____ .
7. La hija de mi hijo: _____ .
8. El hermano de mi padre: _____ .
9. El marido de mi madre: _____ .
10. La madre de mi padre: _____ .

3. Completa con los verbos *ser* o *estar.*

1. Mi hermana *es* alta y morena.
2. Los niños _____ contentos.
3. Mi marido _____ muy trabajador.
4. Miguel _____ muy preocupado.
5. ¿ _____ (tú) nerviosa por tu boda?
6. El marido de mi hermana no _____ español.
7. Las cervezas no _____ frías.

4. Completa el texto con el pretérito perfecto de los verbos entre paréntesis.

Alicia y Ricardo están esperando para hacer una entrevista de trabajo. (1) *Han llegado* (llegar) puntuales, pero no (2)_____ (tener) tiempo de prepararse, y no (3)_____ (leer) ninguna información sobre la empresa. Por eso no (4)_____ (pensar) en ninguna respuesta inteligente. (5)_____ (realizar) antes distintos trabajos, pero Ricardo no (6)_____ (trabajar) nunca en una empresa de publicidad. Alicia (7)_____ (vestirse) con su traje nuevo y Ricardo (8)_____ (comprarse) una corbata para la ocasión.

5. Escribe la historia de Rubén con Laura. Utiliza el pretérito perfecto o el pretérito indefinido.

Historia de Rubén: *El sábado pasado,*
1. Conocer a Laura.
   Conocí a Laura.
2. Bailar con ella.

   _____
3. Pasárselo bien.

   _____
4. Acompañarla a casa.

   _____

Desde entonces hasta hoy,
5. Verla todos los días.

   _____
6. Ir a buscarla a casa todas las tardes.

   _____
7. Llamarla por teléfono todas las noches.

   _____

😊 😐 ☹ *Soy capaz de...*

☐☐☐ *Hablar del carácter y de la familia.*

☐☐☐ *Hablar de actividades recientes y de experiencias.*

☐☐☐ *Hablar de costumbres diferentes.*

3 D

De acá y de allá

BODAS DEL MUNDO

¿Te gusta ir a las bodas?

1. Lee y escucha. **22**

¡SÍ, QUIERO!

Una boda siempre es un buen momento para conocer las costumbres más arraigadas de cada cultura. Una forma ideal de cotilleo cultural.

En Europa, las parejas eligen la primavera o el verano para unir sus vidas: el buen tiempo resulta esencial.

En China, se celebran bodas especialmente cuando hay buenas cosechas y la familia cuenta con algún dinero extra.

En Perú, los novios pueden beber, pero tienen que estar quietos, como estatuas de sal, los tres días siguientes a la boda para que los malos espíritus no se cuelen en sus vidas.

En la India, los padres ponen anuncios en los periódicos para buscar esposos y esposas para sus hijos e hijas.

En Hawai, todo vale: casarse a caballo o bajo las profundidades del mar, organizar una fiesta medieval o ponerse el bañador de los domingos para intercambiarse en la playa los anillos de coral.

Pero, a pesar de las diferencias, siempre es un día de celebraciones, reunión familiar y encuentro entre amigos.

2. Contesta las preguntas.

1. ¿En que época del año se casan normalmente los europeos?
2. ¿Cuándo se celebran las bodas en China?
3. ¿Qué cosa no pueden hacer los novios en Perú durante los tres días siguientes a la boda?
4. ¿Quién busca novio a las chicas en la India?
5. ¿Cómo te gustaría celebrar tu boda en Hawai?
6. Y en tu país, ¿cómo celebráis el día de la boda?

Hablar de viviendas y su decoración.

A. Un lugar para vivir

1. Mira las fotos. ¿Cuál te gusta más? ¿Dónde te gustaría vivir? ¿Por qué?

A mí me gustaría vivir en el chalé porque tiene jardín y a mí me gustan las plantas.

2. En una agencia de venta y alquiler de pisos, varias personas están buscando vivienda. Escucha y toma nota. ¿Qué cosas son importantes para cada uno? **23** 🔘

Roberto: *pequeño,* _____

Familia Hierro: _____

Carmen y Francisco: _____

HABLAR

3. En parejas. Prepara una conversación con tu compañero/a en una agencia inmobiliaria.

A. *Buenos días, ¿en qué puedo ayudarle?*
B. *Estoy buscando un piso, un chalé, una casa…*
A. *¿En el centro o lejos del centro?*

VOCABULARIO

4. Escribe la letra correspondiente.

1. ducha	c	9. nevera	☐
2. microondas	☐	10. espejo	☐
3. armario	☐	11. cama	☐
4. librería	☐	12. lavadora	☐
5. chimenea	☐	13. lavabo	☐
6. mesita de noche	☐	14. manta	☐
7. sillón	☐	15. horno	☐
8. silla	☐	16. alfombra	☐

4
A

5. Coloca cada cosa en su habitación.

salón-comedor	baño	dormitorio	cocina
librería			

LEER

6. Mira las fotos.

1. ¿La casa es antigua o moderna?
2. ¿Quién puede vivir ahí, una familia joven o mayor, con hijos, sin hijos?

7. Lee el artículo y contesta.

1. ¿A qué se dedica Leticia Sánchez?
2. ¿De qué color están pintadas las paredes de su casa?
3. ¿Dónde pasa mucho tiempo?

4. ¿Qué tiene en el jardín?
5. Describe el salón de su casa.

8. Lee otra vez y completa las frases con información del artículo.

1. La casa donde vive Leticia se encuentra a _____ de Madrid, en una _____ rodeada de muchos parques.
2. En el salón hay una _____ , una mesa y un _____ marrón de cuero.
3. En el jardín tiene una _____ con _____ , y ahí toma el _____ .

ESCRIBIR

9. Describe tu casa ideal. Primero prepara la descripción con estas preguntas, luego cuéntaselo a tus compañeros.

1. ¿Dónde está: en el campo, en el centro de la ciudad, en la montaña, al lado del mar?
2. ¿Cuántas plantas tiene? ¿Qué habitaciones hay arriba y qué hay abajo?
3. ¿Cuántos dormitorios tiene?
4. ¿Tiene garaje, jardín, piscina, terraza?
5. ¿De qué estilo es: moderno, antiguo?
6. ¿Cómo son los muebles: clásicos, funcionales, de hierro, de madera?

4 A

EL RINCÓN DE Leticia Sánchez

Hoy visitamos la casa de Leticia Sánchez, diseñadora de la revista *Viajar.* Su casa, situada a 10 kilómetros de Madrid, tiene una luz especial.

"Odio las casas de ahora, que tienen los techos bajos. Mi casa tiene que ser amplia. Me gustan las paredes pintadas con colores suaves, que dan una armonía especial. Las casas pintadas de colores me cansan. La habitación que más utilizo es el salón. Me gusta mucho el sofá, tapizado con piel marrón. A mi hija le encanta sentarse en él a ver la televisión. El suelo es de madera y en las ventanas no tengo cortinas, pues me gusta que entre la luz.

Otro de mis lugares preferidos es el jardín. En él tengo una mesa y unas sillas muy cómodas en donde puedo tomar el sol y leer. También me gusta cuidar las plantas.

Cuando era más joven me gustaba vivir en el centro de Madrid. Pero desde que tuve a mi hija preferí venir a vivir a un lugar con más zonas verdes y alejado de la contaminación. Me encanta dar paseos por los parques que hay alrededor de mi urbanización, y los fines de semana monto en bici con mi marido y mi hija".

B. ¿Qué pasará?

1. ¿Dónde crees que estarás dentro de veinte años?

Dentro de veinte años yo estaré en...

2. Lee y escucha. **24**

Durante el siglo XX la vida en la Tierra ha experimentado cambios importantísimos. En este siglo XXI que acaba de empezar,

¿QUÉ CAMBIOS HABRÁ?

- ¿Habrá más contaminación atmosférica o menos?
- ¿Se curarán enfermedades como el cáncer, el sida, la malaria?
- ¿La gente vivirá en el campo o en ciudades cada vez más grandes?
- ¿Habrá guerras o se acabarán para siempre?
- ¿Cómo viajará la gente: en coche, en avión, en nave espacial?
- ¿Podremos ir de vacaciones a la Luna o a Marte por poco dinero?

Invitamos a nuestros lectores a hacer predicciones. Escríbannos, por favor.

3. Lee otra vez el artículo y señala la predicción que te interesa más.

Que iremos de vacaciones a la Luna por poco dinero.

GRAMÁTICA

Futuro imperfecto

Verbos regulares en -ar, -er, -ir

Hablar

Hablar**é**	Hablar**emos**
Hablar**ás**	Hablar**éis**
Hablar**á**	Hablar**án**

Irregulares

Haber	habré	**Tener**	tendré
Hacer	haré	**Salir**	saldré
Poder	podré	**Poner**	pondré

El futuro se usa:
- Con marcadores temporales como *mañana, el año próximo, la semana que viene, el mes próximo.*
- Para hacer promesas y predicciones:
  *El año que viene **iré** a verte a tu país.*

4. Forma frases.

1. Mañana / ir / al cine contigo (yo).
   Mañana iré al cine contigo.
2. Dentro de un año / terminar / mis estudios (yo).
3. El sábado / salir / con ellos (nosotros).
4. El mes que viene / haber / una fiesta de disfraces.
5. Esta noche / hacer la cena / Olga.
6. Mañana / no poder / venir a clase (él).
7. Dentro de un mes / volver / a su país (ellos).
8. Este fin de semana / venir / mis amigos a casa.
9. Esta tarde / salir (nosotros) / a dar una vuelta.

ESCRIBIR Y HABLAR

5. Escribe dos predicciones para dentro de 50 años. Coméntalas con tus compañeros.

Yo creo que habrá menos contaminación porque los coches funcionarán con agua. Además, la gente vivirá más de cien años.

6. Escribe en un papel tus expectativas para el futuro. No pongas el nombre en tu papel. Luego dáselo a tu profesor. El profesor te dará otro, ¿sabes quién lo ha escrito?

Dentro de 10 años seré una actriz famosa. Tendré mucho éxito y haré un montón de películas.

7. Relaciona cada frase con las fotos.

1. Si no está contento con su compra, le devolvemos su dinero. ☐
2. Si te gusta el sol y la playa, ven al Caribe. ☐
3. Si invierte aquí, ganará el doble. ☐

8. Subraya los verbos en las frases anteriores.

GRAMÁTICA

Oraciones condicionales
- *Si* + presente de indicativo, presente.
  Si no llueve, salgo todos los días.
- *Si* + presente de indicativo, imperativo.
  Si no llueve, ven a mi casa.
- *Si* + presente de indicativo, futuro.
  Si no llueve, iré a tu casa.

9. Relaciona.

1. Si no hay autobuses, ☐
2. Si puedes, ☐
3. Si salgo pronto de trabajar, ☐
4. Si compras tres paquetes, ☐
5. Si dejas de fumar, ☐
6. Si me dan vacaciones en junio, ☐
7. Si Rosa e Ignacio no vienen pronto, ☐

a. iré a ver a Marta.   e. me iré al Caribe.
b. coge un taxi.   f. ahorrarás dinero.
c. perderemos el tren.   g. te encontrarás mejor.
d. compra el pan y el periódico.

10. En las elecciones, todos los políticos suelen hacer promesas. Completa las promesas siguientes.

1. Si mi partido gana las elecciones, (crear, nos.) _____ más puestos de trabajo.
2. Si ustedes nos (votar) _____, nosotros (subir) _____ las pensiones.
3. Si (salir, yo) _____ elegido, les prometo que el gobierno (gastar) _____ más dinero en educación y sanidad.
4. Por último, les prometo que todo el mundo (tener) _____ lo que necesita si ustedes (votar) _____ a mi partido.

11. Escucha y comprueba. 25

12. En parejas. Piensa una buena frase para cada uno de estos productos, luego vota las mejores.

1. Máquina de afeitar. *Si utiliza la máquina de afeitar "Piel", las mujeres no le abandonarán.*
2. Gel de baño.
3. Detergente para la ropa.
4. Un restaurante.
5. Una escuela de idiomas.

4 B

C. ¿Quién te lo ha regalado?

1. Pide cosas prestadas a tu compañero.

A. *¿Me dejas la goma?*
B. *Sí, claro, cóge**la**.*
A. *¿Me dejas tu diccionario?*
B. *No, lo siento, **lo** necesito yo.*

2. Lee y completa.

> me los – te los – los – me la – el mío – telos

I. A. ¿Y estos vaqueros?, ¿de quién son?
   B. Son míos.
   A. ¡Qué bonitos! ¿Me _____ dejas?
   B. Sí, claro, llevá_____ .

2. A. Nuria, ¿es tuyo este cinturón?
   B. No, _____ _____ es más ancho que este.

3. A. ¿De quién es esta raqueta?
   B. Mía.
   A. ¿Es nueva?
   B. Sí, _____ _____ ha comprado mi madre.

4. A. ¡Qué pendientes tan bonitos! ¿Quién _____
      _____ ha regalado?
   B. ¿Te gustan? _____ _____ ha regalado mi novio.

3. Escucha y comprueba. `26`

HABLAR

4. Ha sido el cumpleaños de tu compañero/a y le han regalado algunas cosas. Pregúntale quién le ha regalado cada cosa.

A. *¡Qué reloj tan bonito!, ¿quién te lo ha regalado?*
B. *Me lo ha regalado Mar.*
A. *¡Qué gafas de sol tan bonitas!, ¿quién…*

Haz lo mismo con otros objetos: *bolígrafo, móvil, bolso, cartera, corbata, anillo, pantalones, camiseta,* etcétera.

GRAMÁTICA

Pronombres de objeto directo e indirecto

sujeto	objeto directo	objeto indirecto
Yo	me	me
Tú	te	te
Él/ella/Vd.	lo, la	le (se)
Nosotros/as	nos	nos
Vosotros/as	os	os
Ellos/as/Vdes.	los, las	les (se)

A. ¿Le has dado <u>las llaves</u> <u>a Mercedes</u>?
               O.D.   **O.I.**

B. *Sí, ya* ~~le~~ <u>*las*</u> *he dado*
    O.I. **O.D.**

   <u>*se*</u>

5. Completa con los pronombres.

1. A. ¿Le has dado el dinero al fontanero?
   B. Sí, ya *se lo* he dado.

2. A. ¿Les has dado los muebles a los vecinos?
   B. Sí, ya ____ ____ he dado.

3. A. ¿Le has dado las plantas a Isabel?
   B. Sí, ya ____ ____ he dado.

4. A. ¿Le has dado la foto a Enrique?
   B. Sí, ya ____ ____ he dado.

6. Coloca el pronombre en el lugar adecuado.

1. ¿Qué *le* has regalado a mamá? (le)
2. Julia, Enrique ha llamado por teléfono tres veces. (te)
3. A. ¿Has visto a los vecinos?
   B. No, hoy no he visto. (los)
4. A. ¿Has traído el libro al niño? (le)
   B. No he traído porque no he encontrado en la librería. (se, lo, lo)
5. Vamos ya, los amigos están esperando. (nos)
6. Esperamos en nuestra casa de la playa. (os)
7. A. ¿Has dicho a tus padres que casas con Lola? (les, te)
   B. No, todavía no he dicho. (se, lo)

ESCUCHAR

7. La jefa del departamento comercial le pide a Carlos cuentas del trabajo que ha realizado en esta semana. Escucha y señala qué es lo que Carlos ha hecho (V) y lo que no ha hecho (X). **27**

1. Enviar la información de las novedades a los otros departamentos. ☐
2. Enviar el presupuesto al director general. ☐
3. Ver al director del banco acerca del préstamo. ☐
4. Pasar las facturas a contabilidad. ☐
5. Entregar el pedido a los clientes de Sevilla. ☐

8. Escucha otra vez y escribe las contestaciones de Carlos. **27**

1. Sí, se la pasé a Cristina el martes.
2. _____
3. _____
4. _____
5. _____

PRONUNCIACIÓN Y ORTOGRAFÍA

Acentuación

1. Escucha y escribe cada palabra en la columna correspondiente. **28**

> limón – rápido – lápiz – ácido – papelera
> examen – japonés – trabajo – lápices
> lección – sofá – escribir – rapidez – alemana
> iraní – coche – ordenador – crisis

Esdrújulas	Llanas	Agudas

2. Escucha otra vez y repite. **28**

3. Completa las reglas de acentuación.

> Llevan tilde las palabras **agudas** que terminan en _____ , _____ , _____ .
> No llevan tilde las palabras **llanas** que terminan en _____ , _____ , _____ .
> Llevan tilde _____ las palabras **esdrújulas**.

4
C

Autoevaluación

1. Lee los anuncios y completa los huecos con las palabras del recuadro.

> dormitorios – chalé – ascensor – terraza
> jardín – habitación

1. **El Pilar.** Piso exterior, 3 _____ , suelo de parqué, calefacción individual, quinta planta con _____ 267.500 €. Ref. 1.175.
2. **Centro.** Apartamento, una _____ , garaje. A estrenar. 205.000 €. Ref. 408.
3. **Rozas.** _____ , 200 m², 3 cuartos de baño, 5 dormitorios, _____ , piscina. 420.000 €. Ref. 359.
4. **Chueca.** Ático-dúplex a estrenar, 60 m² de vivienda, 40 m² de _____ , ascensor. 330.000 €. Ref. 562.

2. Contesta como en el modelo.

1. A. ¿Rosa, ¿has limpiado los cristales?
   B. No, *los limpiaré* mañana.
2. A. Julián, ¿has hecho la cena?
   B. No, _____ más tarde.
3. A. Alberto, ¿has comprado el periódico?
   B. No, _____ luego.
4. A. Luisa, ¿has puesto la alfombra?
   B. No, _____ mañana.
5. A. Mamá, ¿has puesto la lavadora?
   B. No, _____ el viernes que viene.
6. A. Ana, ¿has planchado mis pantalones?
   B. No, _____ esta tarde.

3. Subraya el verbo correcto.

1. Si *tienes / tendrás* tiempo, ven a mi casa.
2. *Compraremos / compramos* un sofá nuevo si *hay / habrá* rebajas.
3. Si la lavadora no *funcionará / funciona*, llévala a arreglar.
4. Si *tenemos / tendremos* dinero, iremos de vacaciones a Cancún.

5. Para mí, la vida es maravillosa si no *tendré / tengo* nada que hacer y *puedo / podré* hacer lo que quiera.
6. Mis padres me *comprarán / compran* una guitarra si yo *apruebo / aprobaré* el curso.

4. Escribe el final.

1. Si me toca la lotería de Navidad, _____
_____
2. Si tienes tiempo, _____
3. Me casaré, _____
4. Llámame, _____

5. Contesta como en el modelo.

1. A. ¿Quién te ha dado este libro?
   B. *Me lo ha dado* mi profesor.
2. A. ¿Quién te ha regalado estos pendientes?
   B. _____ mi novio.
3. A. ¿Quién te ha dicho eso?
   B. _____ Arturo.
4. A. ¿Quién te ha dado la chaqueta esa?
   B. _____ mi hermano.
5. A. ¿Quién le ha dado el helado a la niña?
   B. _____ la abuela.
6. A. ¿Quién le ha prestado el coche a Carlos?
   B. _____
7. A. ¿Quién les ha regalado esas playeras a los gemelos?
   B. _____ su padrino.
8. A. ¿Quién os ha regalado esa bicicleta?
   B. _____
9. A. ¿Quién te ha enviado este correo?
   B. _____ mi jefe.

😊😐☹️ *Soy capaz de...*

☐☐☐ *Expresar deseos* (me gustaría…)

☐☐☐ *Hablar del futuro.*

☐☐☐ *Expresar condiciones posibles.*

4 D

De acá y de allá

MACHU PICCHU

1. ¿Qué sabes de Machu Picchu?

2. Lee el texto y completa con las palabras del recuadro.

> antigua – que – montañas – autobús – sabe
> disfrutar – viaje – a – por – dura – fueron

MACHU PICCHU

MACHU PICCHU es una (1)_____ ciudad inca, próxima a Cuzco, rodeada de (2)_____ , construida en un lugar casi inaccesible. Las ruinas (3)_____ descubiertas por Hiram A. Bingham en 1912 y aún hoy no se (4)_____ bien cuál es su origen. Consiste en unas 150 edificaciones comunicadas por pasillos y escaleras y rodeadas (5)_____ una muralla.

Machu Picchu está (6)_____ unos 300 km de Cuzco y para llegar allí sólo hay dos formas: se puede ir andando por el Camino del Inca, que pasa a través de las montañas, tiene unos 40 km y se necesitan tres duros días de marcha para recorrerlo. O bien en tren desde Cuzco hasta Aguas Calientes y desde aquí subir en un (7)_____ hasta la ciudad sagrada.

El (8)_____ en tren es una experiencia única y apasionante . (9)_____ ocho horas en las que los turistas pueden (10)_____ de bellísimos paisajes, charlar con los demás pasajeros y tomar té, pasteles o huevos (11)_____ venden los peruanos en las estaciones y paradas del tren.

3. Con tu compañero, prepara cinco preguntas para hacérselas a otra pareja de compañeros. Gana la pareja que acierte más preguntas.

¿Cuántos kilómetros hay de Cuzco a Machu Picchu en tren?

4
D

5

*Hablar de hábitos
y circunstancias del pasado.*

A. No había tantos coches

1. ¿Imaginas cómo era la vida hace 100 años? Piensa una diferencia y coméntalo con tus compañeros.

Hace cien años no había televisión y ahora sí.

2. Lee y escucha este reportaje del periódico. **29**

3. Responde a las preguntas.

1. ¿A qué se dedicaba el padre de María Guerra?

2. ¿Cómo iba a la escuela? ¿Por qué?

3. ¿A qué edad entró a trabajar?

4. ¿Qué le gustaba hacer los domingos?

5. ¿Entraban las mujeres solas en los cafés? ¿Por qué?

6. ¿Adónde iba Emilio de pequeño?

7. ¿Cuál fue su primer trabajo?

8. ¿A qué se dedicó en su vida adulta?

EL MADRID DE 1900

En 1900, los niños madrileños se bañaban en el río Manzanares o cruzaban las calles sin mirar. Ahora es imposible.

María Guerra tiene 92 años ahora y cuenta cómo era su infancia: "Mi padre era conductor de tranvía. Yo fui a un colegio de monjas hasta los 14 años. Como no había transporte, todos los días tenía que andar más de media hora para llegar. Cuando tenía catorce años entré a trabajar en un taller de modistas. Los domingos salía con mis amigas a bailar o al teatro, íbamos siempre al teatro Latina.
En Madrid había muchos cafés, pero las mujeres no entrábamos solas, porque estaba mal visto".

Por su parte, Emilio Rodríguez dice que le gustaba más jugar en la calle que ir a la escuela. Iba a la puerta del Palacio Real a ver el cambio de guardia en tiempos de Alfonso XIII. También recuerda la primera vez que fue al cine: le pareció maravilloso. A los 14 años empezó a trabajar en una pastelería y todos los días repartía los bollos a domicilio.

Luego entró a trabajar en una imprenta y se hizo tipógrafo.
Tanto María como Emilio piensan que la vida ha cambiado desde que ellos eran jóvenes, y que ahora se vive muchísimo mejor que antes.

Adaptado de EL PAÍS.

GRAMÁTICA

Pretérito imperfecto

- Se usa para hablar de acciones habituales en el pasado.

  Iba todos los domingos a bailar.

- Para describir en el pasado.

  *La vida **era** más dura, no **había** tantas máquinas para trabajar.*

- Para describir una situación.

  *Como no **había** transporte, **tenía** que ir andando.*

4. Subraya el verbo adecuado.

1. Marisa cuando *era / fue* pequeña vivía en Londres.
2. Antes a mí me *gustaba / gustó* el chocolate, pero ahora no me gusta nada.
3. Ernesto *trabajó / trabajaba* en esa empresa hasta el año pasado.
4. Como no *tenía / tuve* dinero, no me *compré / compraba* los pantalones.
5. Hace 100 años Madrid *tuvo / tenía* medio millón de habitantes.
6. Mis padres se *conocían / conocieron* en una fiesta, y dos años más tarde se casaron.
7. La primera vez que *veía / vio* el mar le *parecía / pareció* maravilloso.
8. El domingo pasado *vimos / veíamos* una película que me *gustó / gustaba* mucho.
9. A los dos hermanos les *gustó / gustaba* mucho el fútbol, y por eso se *hacían / hicieron* futbolistas.

ESCUCHAR

5. Varias personas están hablando de su adolescencia. Escucha y señala *V* o *F*. **30**

1. Paloma está preocupada por su hijo. ☑ V
2. Paloma tenía que volver a casa a las 11. ☐
3. Aurora tenía el mismo problema que Paloma. ☐
4. Aurora no podía llevar minifalda ni fumar en Salamanca. ☐

5. A los chicos los educaban de otra manera. ☐
6. En las familias había pequeñas broncas por el pelo de los chicos. ☐
7. Los padres de antes sufrían igual que los padres de ahora. ☐

HABLAR

6. ¿Qué hacías tú cuando eras adolescente? Lee las siguientes actividades, piensa cuáles hacías tú y cuáles no, y luego coméntalo con tu compañero.

A. *Yo, cuando era joven, tocaba la guitarra. ¿Y tú?*
B. *No, yo no. Yo hacía deporte, jugaba al baloncesto en el colegio.*

1. Tocar la guitarra.
2. Hacer deporte.
3. Escribir poesía.
4. Ver vídeos.
5. Ir a la discoteca.
6. Escuchar música a todo volumen.
7. Ir a clases de español.
8. Navegar por Internet.
9. Llevar minifalda, trabajar, etc.

ESCRIBIR Y HABLAR

7. En parejas. Imagina cómo era la vida en tu país o ciudad hace 100 años. Con tu compañero, escribe un párrafo. Puedes hablar de los transportes, el trabajo, la comida, la ropa.

Hace 100 años no había metro, la gente iba en tranvía, caballo, tren o andando. Las casas eran…

**5
A**

Comparar.

B. Yo no gano tanto como tú

1. Mira las fotos y lee los datos sobre Patricia y Blanca. ¿Quién gana más? ¿Quién trabaja más?

Edad: 43 años.
Altura: 1,62 m.
Familia: marido y tres hijos.
Vivienda: chalé adosado de dos plantas.
Profesión: abogada.

Horario de trabajo: 10 horas diarias.
Salario: 2.500 € al mes.
Coche: Ford Mondeo.
Aficiones: trabajar en el jardín, leer y escuchar música.

Edad: 32 años.
Altura: 1,70 m.
Familia: dos hijos.
Vivienda: un piso de 80 m².
Profesión: empleada de banco.
Horario de trabajo: 8 horas diarias.
Salario: 1.900 € al mes.
Coche: Opel Astra.
Aficiones: ir al cine y hacer deporte.

2. ¿Verdadero o falso?

1. Blanca es mayor que Patricia. ☐
2. Blanca es tan alta como Patricia. ☐
3. La casa de Patricia es más grande que la casa de Blanca. ☐
4. Blanca trabaja menos horas que Patricia. ☐
5. A Blanca le gusta salir más que a Patricia. ☐
6. Blanca gana tanto como Patricia. ☐

GRAMÁTICA

Comparativos

- *Más / menos* + adjetivo + *que:*
  Juan es **más alto que** Antonio.

- *Más / menos* + nombre + *que:*
  Yo gano **menos dinero que** mi mujer.

- Verbo + *más / menos* + *que:*
  Andrés **corre más que** Carlos.

- *Tan* + adjetivo + *como:*
  Mi novia es **tan alta como** yo.

- *Tanto/a / tantos/as* + sustantivo + *como:*
  Ana tiene **tantos amigos como** Sara.

- Verbo + *tanto* + *como:*
  Mi madre **trabaja tanto como** mi padre.

Comparativos irregulares

Más bueno / bien	*mejor*
Más malo / mal	*peor*
Más grande / viejo	*mayor*
Más pequeño / joven	*menor*

3. Escribe cuatro frases comparando: el coche, el trabajo, el sueldo y el número de hijos de Patricia y Blanca.

5 B

ESCUCHAR

4. Escucha la conversación telefónica entre Celia, que vive en Madrid, y su amigo Luis, que se ha ido a vivir a Cercedilla, un pueblo de la sierra. Completa la tabla con los signos +/– . **31**

		MADRID	CERCEDILLA
🚲	Diversiones		
☢	Contaminación		
🌐	Buenas vistas		
🛒	Tiendas		
〰	Tranquilidad		
🕐	Prisa		

5. Mira los anuncios y busca la información.

1. ¿En qué anuncio aparece una comida que pica mucho? ☐

2. ¿En qué anuncio aparece un alimento que está muy rico? ☐

3. ¿En qué anuncio aparece un dulce de Navidad que cuesta mucho dinero? ☐

4. ¿En qué anuncio aparecen lugares muy limpios y solitarios? ☐

a

T U R R Ó N
1880
El turrón más caro del mundo

b

Llévese nuestro riquísimo pan integral
Panecillos La Sorianita

c

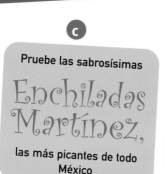

Pruebe las sabrosísimas
Enchiladas Martínez,
las más picantes de todo México

d

Viaje a Cuba con **VIAJES GUAJIRA**, los más económicos, los más seguros, los inigualables.

- Disfrute de la mayor isla del Caribe.
- Limpísimas playas.
- Aguas transparentes.
- Solitarios cayos.

GRAMÁTICA

Superlativo relativo

*El turrón **más** caro **del** mundo.*
*El alumno **que más** estudia **de** la clase.*

Superlativo absoluto

Muy + adjetivo = adjetivo + *-ísimo/a/s*

Muy raro = raro + -ísimo = rarísimo
Muy fácil = fácil + -ísimo = facilísimo

rico	riqu**ísimo**
fuerte	fort**ísimo**
amable	amabil**ísimo**
cerca	cerqu**ísima**
antiguo	antiqu**ísimo**

6. Completa las siguientes frases hablando de tu país.

Ciudad / grande.
La ciudad más grande de mi país es…

1. Mes / frío.

2. Fiesta / importante.

3. Edificio / antiguo.

4. Equipo de fútbol / bueno.

5. Lugar de vacaciones / interesante.

6. Cantante / famoso.

HABLAR

7. En grupos de cuatro, discute con tus compañeros.

¿Quién es el mejor cantante del mundo?
¿Quién es el mejor deportista de tu país?
¿Cuál es la mejor ciudad para vivir?

5 B

C. Moverse por la ciudad

VOCABULARIO

1. Mira el dibujo, escucha y repite. **32**

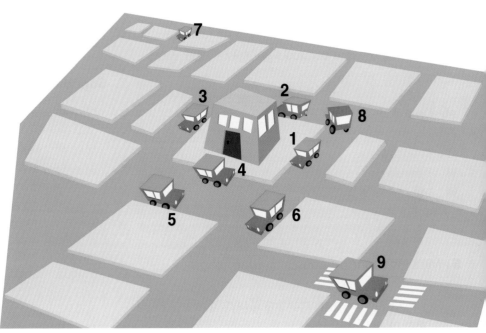

1. a la derecha de
2. detrás de
3. a la izquierda de
4. delante de
5. enfrente de
6. cerca de
7. lejos de
8. en la esquina
9. en el cruce

2. Mira el pueblo y completa las siguientes frases con la expresión de lugar correspondiente.

Nos hemos comprado una casa preciosa en un bonito barrio residencial.

1. *Delante de* la casa hay un jardín.
2. _____ la casa hay una piscina.
3. _____ la casa hay una iglesia.
4. _____ hay un semáforo.
5. _____ hay un puesto de periódicos.
6. _____ la casa hay un banco.
7. Hay un río _____ la casa.
8. _____ la casa se ven las montañas.

ESCUCHAR

3. Escucha y completa los diálogos. **33**

1. A. Perdone, ¿podría decirme dónde hay un puesto de periódicos?
   B. Siga recto y *enfrente* del banco, justo
   (1)_____ , ahí lo encontrará.

2. A. Disculpe, estoy buscando una farmacia. ¿Sabe si hay alguna por aquí?

   B. ¿Ve usted esa iglesia? Pues (2)_____ de la iglesia está la farmacia, (3)_____ la oficina de correos.

3. A. Por favor, ¿me podría indicar cómo llegar al ayuntamiento?

   B. Sí, claro. Siga todo recto y, (4)_____ , tuerza (5)_____ . (6)_____ la escuela está el ayuntamiento.

VOCABULARIO

MEDIOS DE TRANSPORTE

4. Mira los dibujos y comenta con tus compañeros.

¿Cómo vienes a clase?
¿Qué medio de transporte prefieres cuando vas de vacaciones?
¿Qué medio de transporte te parece más seguro?

5. Según tu opinión, ¿son estas afirmaciones verdaderas o falsas? Después compáralas con las respuestas de tu compañero.

1. Los trenes son más puntuales que los autobuses. ☐
2. Viajar en autocar es más caro que viajar en tren. ☐
3. Las motos son más seguras que los coches. ☐
4. El avión es el medio de transporte más rápido. ☐
5. El metro es más lento que el autobús. ☐
6. La bicicleta es el medio de transporte más limpio. ☐

PRONUNCIACIÓN Y ORTOGRAFÍA

Diptongos

- Las vocales en español se clasifican en vocales abiertas (**a-e-o**) y vocales cerradas (**i-u**).
- Cuando dos vocales se pronuncian en una sola sílaba tenemos un **diptongo**.
  - una vocal abierta + una vocal cerrada:
    ai, au, ei, eu, oi, ou.
    ai-re, cau-sa, Zeus.
  - una vocal cerrada + una vocal abierta:
    io, ia, ie, ua, ue, uo.
    ra-dio, his-to-ria, tie-rra, puer-to.
  - dos vocales cerradas: *fui.*

1. Escucha y repite. **34**

> diez – seis – pie – pausa – historia
> puedo – oigo – agua – diario – horario
> rey – cien – sauna

2. Señala la palabra que oyes. **35**

> dios/dos – rey/res – aula/ala – pez/pie
> mes/mies – bien/ven – cielo/celo – euro/oro
> cuero/coro – podo/puedo

3. Escucha otra vez y repite. **35**

 **Autoevaluación**

1. Escribe sobre lo que hacías y no hacías cuando eras joven. Utiliza los verbos del recuadro.

> hablar español – utilizar el ordenador
> dormir ocho horas – fumar – beber café
> trabajar – ir al gimnasio

Antes no hablaba español. Ahora hablo español.

2. Completa los huecos con el verbo entre paréntesis en la forma correcta (pretérito imperfecto o pretérito indefinido).

1. Mi hermano *trabajó* (trabajar) muchos años en Alemania.
2. Cuando _____ (ser) joven, mi padre _____ (fumar) puros.
3. Mi abuelo _____ (leer) el mismo periódico toda su vida.
4. Antes de empezar a trabajar _____ (pasar) tres veranos en Inglaterra.
5. Mis padres y yo, después de la cena, siempre _____ (ver) la televisión.
6. Los alimentos antes _____ (ser) más sabrosos.
7. Antes de tener a los niños, mi mujer y yo _____ (salir) dos veces por semana.
8. El domingo pasado, Pablo y yo _____ (jugar) un campeonato de tenis.
9. Ayer (yo) _____ (enviar) cinco correos electrónicos a tu empresa.
10. Yo no me _____ (comprar) el CD de Enrique Iglesias porque _____ (ser) muy caro.

3. Completa las siguientes frases con las palabras del recuadro.

> más (x 4) – ~~que~~ – menos – tan (x 2)
> como – tanta

1. El coche que ha comprado tu hijo es mejor *que* el mío: no gasta (1)_____ gasolina y es bastante (2)_____ seguro.

2. Me encanta la natación, es uno de los deportes (3)_____ completos que hay. No es tan emocionante (4)_____ el "puenting", pero es (5)_____ divertido que la pesca, y es (6)_____ caro que el esquí.

3. La casa de mi compañera es (7)____ grande como la mía, pero el jardín no es (8)____ grande como el nuestro y la piscina es (9)____ pequeña.

4. Escribe seis frases sobre los siguientes personajes. Usa la forma comparativa de los adjetivos del recuadro, como en el ejemplo.

> simpático/a – inteligente – guapo/a
> rico – mayor – joven

Beckham es más / menos / tan guapo que / como…

5. Escribe cinco frases sobre los personajes del ejercicio anterior. Utiliza el superlativo como en el ejemplo.

Penélope Cruz es la más guapa.

   Soy capaz de…

☐☐☐ *Hablar de acciones habituales y describir el pasado.*

☐☐☐ *Hacer comparaciones.*

☐☐☐ *Moverme por la ciudad.*

De acá y de allá

BUENOS AIRES

1. Lee el texto.

LA CIUDAD DE BUENOS AIRES

Buenos Aires es probablemente la más elegante y destacada capital de Sudamérica. Tiene 13 millones de habitantes llamados popularmente "porteños".

Buenos Aires tiene distintos barrios para visitar. Uno puede dirigirse hacia el sur, paseando por las calles de San Telmo, hogar del tango. Un poco más hacia el sur está el famoso barrio del puerto, La Boca, con casas de metal pintadas de brillantes colores. Este barrio es la cuna del Boca Juniors, el equipo de fútbol más popular, la máxima expresión de la pasión nacional por el deporte rey. Al otro lado de la ciudad, hacia el norte, está el barrio de La Recoleta, uno de los más elegantes del país. Un poco más lejos, el Moderno Palermo, lleno de árboles, tiene un zoo y bonitos parques y jardines. Y el Palermo Viejo, un vecindario más pequeño, lleno de bares de moda y restaurantes internacionales.

El corazón de la capital se extiende a lo largo de la orilla oeste del Río de la Plata, al que todos los porteños consideran el más ancho del mundo.

Este "París del Sur" no dejará de sorprendernos, con sus ciudadanos elegantes y orgullosos, sociables y animados.

Guía Lonely Planet, Planeta

2. Corrige las siguientes frases falsas.

1. Buenos Aires es la capital menos conocida de Sudamérica.
   Buenos Aires es probablemente la capital más destacada de Sudamérica.
2. El barrio de La Boca es conocido por sus lujosas viviendas.
3. El equipo de fútbol más popular tiene su cuna en el barrio de San Telmo.
4. El barrio de La Recoleta no es un barrio muy elegante.
5. El Moderno Palermo es un barrio industrial.
6. En La Recoleta están los bares de moda.
7. Los porteños suelen ser aburridos e insociables.

Anunciarse en el periódico.

A. Segunda mano

1. ¿Has comprado alguna vez cosas de segunda mano? ¿Te dieron buen resultado?

2. Lee los anuncios y busca la información.

    1. ¿Por qué se vende el frigorífico?

    2. ¿Qué vende Juan Manuel?

    3. ¿Cuánto vale el lavavajillas?

    4. ¿Cómo está la cámara fotográfica?

    5. ¿Cuántas puertas tiene el frigorífico?

3. Lee otra vez los anuncios y escribe las preguntas para las siguientes respuestas.

    1. *¿De qué color es la bicicleta?* Azul.

    2. 1.200 €.

    3. 4 programas.

    4. En buen estado.

    5. 91 573 72 84.

ESCUCHAR

4. Escucha la conversación telefónica entre dos jóvenes que tratan de vender / comprar una moto. Completa la información. **36**

1. Marca: _____
2. Color: _____
3. Precio: _____
4. Dirección del vendedor: _____
    _____
5. Hora de la cita: _____

BICICLETA DE MONTAÑA
seminueva, 21 v.,
3 platos, azul. 100 €.
Llamar noches.
Tfno.: 91 472 15 26

LAVAVAJILLAS con 4
programas, prácticamente
nuevo. 210 €.
Móvil: 696 73 76 82

CÁMARA DIGITAL Canon-IXUS
2, Zoom óptico 2x, resolución
3,2 megapixels, batería de litio.
Perfecto estado. 200 €.
Tfno.: 91 573 72 84

EQUIPO MÚSICA, 4 bafles
Bose, amplificador Denon,
150 W, compacto para 6 CD.
Ideal disco-bar. 1.200 €
negociables. Preguntar por
Juan Manuel.
Tfno.: 93 441 56 17

PIANO en buen estado,
semicola, 12 años, 1.500 €.
También banqueta nueva.
Móvil: 674 75 34 91

FRIGORÍFICO LG, 4 estrellas,
2 puertas. Económico.
Urge por traslado.
Tfno.: 91 569 46 37

COMUNICACIÓN

Comprar y vender por teléfono

¿Es ahí donde venden…?
¿Cuántos años tiene?
¿De qué color es?
¿Cuánto pide?
¿Cuándo puedo verlo/a?
¿A qué hora quedamos?

HABLAR

5. Practica con tu compañero la conversación
telefónica con los anuncios de la actividad 2.

ESCRIBIR

6. Escribe el anuncio correspondiente a la oferta
de la moto.

7. Piensa en algo que quieras vender. Escribe un
anuncio para el periódico *Segunda Mano*.

ESCUCHAR Y HABLAR

8. Escucha y responde. ¿En qué se gasta el
dinero Susana? ¿En qué se gasta el dinero
Ángel? **37**

Susana: _____ Ángel: _____

9. En parejas, comenta con tu compañero.

¿En qué te gastas el dinero?
¿Qué te has comprado últimamente?
¿Para qué ahorras?

10. Lee y señala verdadero o falso.

INTERCAMBIAR EN VEZ DE COMPRAR

¿Por qué no conseguir un "canguro" a cambio de una
traducción o pintarle a alguien una habitación a cambio de que cuide el jardín? Son algunos ejemplos de
los servicios que se intercambian en las asociaciones
de trueque.

Todas ellas funcionan de forma similar: sus socios se
comprometen a intercambiar cosas y servicios de
forma gratuita. Para eso, suelen editar un boletín
donde puedes encontrar lo que cada miembro está
dispuesto a realizar.

Cuando necesitas algo, te diriges a la persona que
puede realizarlo y acuerdas con ella el valor del ser-
vicio.

Los servicios que se intercambian son muy
variados: cuidado de niños, asesoramientos
jurídicos, masajes, trabajos de bricolaje,
clases de informática… En cuanto a los
objetos, se intercambian aquellas cosas
que ya han dejado de ser útiles: una
cuna, unos patines. Aunque
parezca increíble, la mayoría
de la gente está más dis-
puesta a ofrecer servicios
que a solicitarlos.

Para más información,
no dudes en contac-
tar con nosotros.

Cooperativa de trueque
EL FORO (Madrid)
www.elforo.com

1. En las asociaciones de trueque nadie paga
   con dinero. ☐

2. Puedes encontrar las ofertas llamando por
   teléfono. ☐

3. Se intercambian cosas que no sirven para
   nada. ☐

4. No hay mucha variedad de ofertas de
   intercambio. ☐

5. Hay más oferta de servicios que solicitudes. ☐

6
A

Expresar cantidades indeterminadas.

B. En la compra

B. Lo siento, no me queda ninguna.
¿Quiere unas judías verdes? ☐

A. Adiós, muchas gracias. ☐

B. Sí, claro… y aquí tiene sus vueltas,
muchas gracias. ☐

A. Tome, ¿puede darme una bolsa, por favor?

B. 5,25 €. ☐

A. No, gracias. No quiero nada más. ¿Cuánto es? ☐

3. Escucha y comprueba. **38**

4. Completa la tabla con las siguientes expresiones del recuadro.

> ¿Qué desea? – ¿Quiere algo más?
> ¿Cuánto es? – ¿Pueden enviármelo a casa?
> Quería comprar... – Aquí tiene la vuelta

El vendedor dice	El cliente dice
¿Qué desea?	¿Cuánto cuesta?

1. Completa la tabla con las cosas que puedes comprar en un puesto de frutas y verduras.

Verduras	Frutas
coliflor	naranjas

2. Ordena este diálogo entre un cliente (A) y el vendedor de un puesto de frutas y verduras (B).

B. ¿Cuántas quiere? ☐

A. Sí, también quiero una lechuga. ☐

B. Buenas tardes, ¿qué desea? ☐ 1

A. Dos kilos. ☐

B. Aquí las tiene, ¿algo más? ☐

A. Quería comprar unas naranjas de zumo. ☐

HABLAR

5. En parejas. Practica un diálogo entre un vendedor de frutas y verduras y un comprador con la siguiente lista de la compra.

- 2 kg de patatas.
- 1/2 kg de pimientos verdes.
- 1 kg de manzanas.
- 1 cabeza de ajos.

6 B

GRAMÁTICA

Indefinidos

Invariables

- Para personas: **alguien, nadie.**
  - ¿Ha llamado **alguien**?
  - No, esta mañana no ha llamado **nadie**.

- Para cosas: **algo, nada.**
  - ¿Quiere usted tomar **algo**?
  - No, gracias, no me apetece **nada**.

Variables

- Para personas y cosas: **algún(o), -a, -os, -as**
  ningún(o), -a
  - ¿Tienes **alguna** revista de coches?
  - No, no tengo **ninguna**.

6. Elige la palabra correcta.

1. A. Huele a quemado, ¿tienes *algo / nada* en el horno?
   B. No, no tengo *algo / nada*.
2. A. No se oye *ningún / algún* ruido. ¿Vive *algún / alguien* arriba?
   B. No, no vive *nada / nadie*.
3. A. ¿Tienes *algo / alguien* que hacer esta tarde?
   B. Sí, tengo *algunos / ningún* trabajos pendientes.
4. A. ¿Hay *algunas / alguna* silla en la cocina?
   B. No, no hay *ninguna / alguna*.
5. A. ¿Quieres *algo / nada* para merendar?
   B. No, gracias. Ya no me apetece *nada / nadie*.

7. Completa con: *algún, -a, -os, -as, o ningún, -a.*

1. ¿Has estado *alguna* vez en Sevilla?
2. _____ niños comen muy mal.
3. No tenemos _____ libro con ese título.
4. Todos no, pero _____ son muy buenos estudiantes.
5. ¿Queda _____ refresco en la nevera?
6. En mi habitación no tengo _____ póster, no me gustan.

7. _____ nadadoras europeas superaron sus marcas.
8. Buenas tardes. ¿Tiene _____ mesa libre?
9. Andrés, no queda _____ botella de leche para desayunar.
10. _____ alumnos llegaron tarde a clase por la huelga de transporte.

PRONUNCIACIÓN Y ORTOGRAFÍA

Diptongo e hiato

Algunas veces dos vocales unidas no se pronuncian como una sílaba, sino como dos:

pa-ís, Dí-ez, o-ír, rí-o, pa-e-lla, le-ón, dí-a.

A este fenómeno se le llama **hiato**.

1. Escucha y repite las palabras anteriores. `39`

2. Escucha las palabras y di cuántas sílabas tienen. `40`

radio: *ra-dio, 2*	rio:
secretaría:	alegría:
diez:	secretario:
armario:	cuadro:
vacío:	avión:
mía:	farmacia:

3. Subraya la palabra adecuada.

1. Este libro cuesta *diez / Díez* euros.
2. Mi hermana es *secretaria / secretaría* del director general.
3. Pedro se *rio / río* mucho de la historia.
4. El *río / rio* Duero no pasa por Lisboa.
5. Eso tienes que preguntarlo en la *secretaria / secretaría*.
6. No entiendo nada, ¡qué *lío / lio*!
7. Los bomberos iban *hacia / hacía* la casa que se quemó.
8. Antes yo *hacia / hacía* gimnasia, pero ahora no tengo tiempo.
9. Mis vecinos se llaman *diez / Díez* de apellido.

4. Escucha y comprueba. `41`

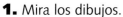

Dar instrucciones en forma impersonal.

C. Cocina fácil

VOCABULARIO

1. Mira los dibujos.

trocear

picar

freír

cocer

machacar

2. Escucha y relaciona las palabras de las dos columnas. **42**

1. trocear   a. ajos
2. machacar   b. calamar
3. picar   c. agua
4. cocer   d. pimiento
5. freír   e. cebolla

3. Escucha la receta y complétala. **43**

GRAMÁTICA Y COMUNICACIÓN

Oraciones impersonales para dar instrucciones

- Muchas veces, para dar instrucciones (por ejemplo, en recetas) se utiliza la forma impersonal *se* + verbo en tercera persona del singular o del plural.
  - *Se cuece la carne y se pica menudita.*
  - *Se pican y se fríen los ajos.*

4. Completa las frases con el verbo adecuado.

echar – trocear – machacar – freír
lavar – servir

1. *Se lavan* las patatas con agua fría.

2. _____ la cebolla en aceite bien caliente.

3. _____ el arroz en la paellera.

4. La paella _____ en la mesa después de reposar unos minutos.

5. _____ los ajos en el mortero.

6. _____ los calamares en trozos pequeños.

PAELLA DE MARISCO

Ingredientes

- 150 g de gambas.
- un calamar.
- 1/2 kg de mejillones.
- 1 cebolla pequeña.
- un tomate.
- un pimiento.
- azafrán.
- dos dientes de ajo.
- aceite de oliva.
- verduras optativas: guisantes y judías verdes.

Elaboración

Primero se lavan las (1) *gambas*, el calamar y los (2)_____ . Después se trocea el (3)_____ . En una paellera, se calienta el (4)_____ y se fríen el pimiento y la (5)_____ bien picada y luego el (6)_____ . Cuando está todo frito, se echan los mariscos y las (7)_____ . Se deja cocer, a fuego lento, unos diez minutos y luego se echa el (8)_____ y a continuación el agua. La cantidad de agua será el doble de la de arroz. El arroz cocerá unos veinte minutos. Mientras se cuece, en un mortero, se machacan los (9)_____ con la sal, el (10)_____ y se echa en la paellera. Se deja reposar unos minutos.

6
C

5. Mira las fotos. ¿Dónde están? ¿Qué están tomando en cada una: la comida, el aperitivo o la merienda?

6. Completa los diálogos con ayuda del recuadro de comunicación. Después, relaciona cada diálogo con las fotos.

1. A. Por favor, pónganos dos cañas y un vino.
   B. (1) *¿Quieren algo de tapa?*
   C. Sí, pónganos tres tapas de morcilla.

2. A. ¿Qué tal está la paella?
   B. Está buenísima; y el salmón, ¿qué tal está?
   A. Está un poco soso. Camarero, (2)_____
   _____ , por favor.

3. A. (3) ¿ _____ ?
   B. (4)_____ de primero ensaladilla rusa y de segundo, ternera asada.
   C. Pues a mí (5)_____
   menestra de verduras y de segundo, cordero.
   A. (6)_____ , ¿qué quieren?
   B. Vino de la casa y agua, por favor.

4. A. Por favor, (7)¿ _____ ?
   B. Sí, enseguida. Son 5,30 euros.
   C. Deja, deja. Hoy me toca pagar a mí.

5. A. Buenas tardes. (8)¿ _____ ?
   B. (9)_____ dos cafés con leche y un té con limón.
   A. (10)¿ _____ ?
   B. Sí, traiga unos churros, por favor.

7. Escucha y comprueba.

COMUNICACIÓN

El cliente

- Para pedir una consumición:
  Póngame, pónganos. Traiga…, por favor. Yo quiero…
- Para pedir la cuenta:
  La cuenta, por favor. (Por favor), ¿me / nos cobra? ¿Me dice cuánto le debo?

El camarero

¿Qué van a tomar?
¿Qué quieren tomar / comer?
¿Qué les pongo?
¿Quieren algo de comer / tapa?
Y de beber, ¿qué quieren?

HABLAR

8. En parejas, preparad dos diálogos, uno en un restaurante y otro en una cafetería.

Autoevaluación

1. ¿Qué palabra no pertenece al grupo?

1. huevos, leche, *zapatos*, pan.
2. postales, ropa, periódicos, revistas.
3. naranjas, plátanos, fresas, carne.
4. pescado, rotulador, lápiz, cuaderno.
5. coliflor, zanahoria, bolígrafo, patatas.
6. manzanas, pimientos, ajos, pollo.

2. Completa con *algo / alguien* o *nada / nadie*.

1. Aquí no vive *nadie*.
2. ¿Tienes _____ que decir?
3. No tengo _____ que declarar.
4. ¿Ha llamado _____ ?
5. No ha venido _____ a verte.
6. No quiero cenar _____ .
7. ¿Quieres tomar _____ ?
8. No se lo he dicho a _____ .
9. ¿Viene _____ esta tarde?
10. No tengo _____ que hacer.

3. Completa las frases con una palabra de cada columna.

A	B
algún	oveja
alguna	día
algunos	esculturas
algunas	amigos
ningún	chiste
ninguna	moneda

1. Ayer por la tarde vinieron *algunos amigos* a verte.
2. Es una gran exposición. _____ _____ tienen mucho valor.
3. No hay _____ _____ negra en este rebaño.
4. Estoy aburrido. Cuéntame _____ _____ .
5. ¿Tienes _____ _____ de 2 €?
6. Lucía no ha llegado _____ _____ tarde a trabajar.

4. Completa con las palabra del recuadro.

agua – cebolla – freír – pica – picada
ternera – fríen – cucharada – cocer – ajos

PICADILLO CON TOMATES HABANERO

INGREDIENTES: *carne de vaca, sal, manteca, ajos, cebolla, ajíes, vinagre, tomates.*

Se pone primero una libra de vaca o de (1) *ternera* a (2)_____ en jarro y medio de (3)_____ y sal. Cuando está cocida se (4)_____ muy menudita. Se pican y se (5)_____ aparte en cuatro onzas de manteca de puerco, una cabeza de (6)_____ , media (7)_____ , dos ajíes dulces y seis tomates. Cuando está medio frito se añade la carne (8)_____ con una (9)_____ de vinagre, se revuelve bien y se deja (10)_____ . Luego se echa un poco de caldo que se habrá sacado antes y se sirve en una fuente.

5. Completa las frases como en el ejemplo.

Los sellos *se compran* (comprar) en el estanco.
1. En la papelería _____ (vender) cuadernos.
2. La ropa _____ (lavar) con detergente.
3. En Internet _____ (encontrar) casi toda la información.
4. Los nombres propios _____ (escribir) con mayúscula.
5. ¿Todavía no _____ (saber) la hora de llegada del tren?
6. ¿Cómo _____ (escribir) tu apellido, con *b* o con *v*?

😊😐☹️ *Soy capaz de...*

☐☐☐ *Poner un anuncio en un periódico.*

☐☐☐ *Expresar cantidades indeterminadas.*

☐☐☐ *Dar instrucciones en forma impersonal.*

6
D

De acá y de allá

COMER FUERA

1. ¿Cuál es el plato típico de tu país? ¿Cómo se hace?

2. Lee la carta del Restaurante Internacional.

3. Contesta las siguientes preguntas y después comenta las respuestas con las de tus compañeros.

1. ¿Conoces alguno de los platos del Restaurante Internacional?
2. ¿Sales alguna vez a comer o cenar fuera de casa?
3. ¿Qué tipo de restaurantes sueles elegir?
4. ¿Cuál es tu comida favorita?
5. ¿Qué comida no te gusta nada?
6. ¿Cuál es la comida más rara que has comido alguna vez?

Menú
Restaurante Internacional

CHINA
Pollo con almendras
(pollo, almendras y verduras variadas picadas y rehogadas).

ITALIA
Espaguetis a la carbonara
(pasta cocida, con huevo, queso y beicon).

ESPAÑA
Tortilla de patatas
(patatas troceadas, con huevo y cebolla).

FRANCIA
Crêpes
(tortitas de harina y huevo, fritas en mantequilla, rellenas de dulce o salado).

BRASIL
Feijoada
(plato tradicional hecho con judías pintas, ajo, especias y carne de cerdo).

GRECIA
Moussaka
(plato al horno, con cordero, tomates, berenjena, bechamel y queso).

6
D

Uso del imperativo para dar consejos.

A. Este verano, salud

1. ¿Vas alguna vez a la playa?

2. Lee y escucha las instrucciones del cartel. **45**

En la piscina, dúchate antes de entrar en el agua.

Bebe suficiente líquido.

Ponles a los niños algo en la cabeza y una camiseta para protegerles del sol.

Entra en el agua poco a poco.

Sal inmediatamente del agua si estás cansado de nadar.

Conserva la playa limpia. No tires basura. Utiliza la papelera.

Respeta las señales de peligro. El banderín rojo indica que el mar está revuelto y no puedes bañarte.

Para no quemarte, toma el sol poco a poco y ponte siempre crema protectora solar.

No te bañes después de una comida abundante o de un ejercicio intenso.

GRAMÁTICA

Imperativo afirmativo y negativo

Regulares

Entrar		**Beber**	
(tú) entra	no entres	bebe	no bebas
(Vd.) entre	no entre	beba	no beba

Irregulares

Salir		**Poner(se)**	
(tú) sal	no salgas	ponte	no te pongas
(Vd.) salga	no salga	póngase	no se ponga

• Cuando el imperativo afirmativo va acompañado de uno o dos pronombres personales, éstos van detrás y se escriben juntos.

Dúchate, dámelo, póngase.

• Si el imperativo está en forma negativa, los pronombres van delante del verbo y separados.

No te duches, no me lo des.

3. Lee otra vez y contesta las preguntas.

1. ¿Cuándo no puedes bañarte?
2. ¿Cómo debes meterte en el agua?
3. ¿Qué hay que hacer para mantener limpia la playa?
4. ¿Cuándo debes salir del agua?
5. ¿Qué hay que hacer antes de entrar en la piscina?
6. ¿Qué hay que hacer para no quemarse?

4. Mira otra vez el cartel y subraya los imperativos.

5. Completa las frases con el imperativo adecuado.

1. Rosa, no *salgas* a la calle sin gorro. (salir)
2. Arturo, _____ la crema protectora para el sol. (ponerse)
3. Eduardo, no _____ más vino, no es bueno. (beber)
4. Señor Castaño, _____ en mi despacho, por favor, yo iré ahora. (entrar)
5. Usted, señora, _____ aquí y no moleste. (ponerse)
6. Laura, hija, no _____ ahora, acabas de comer. (bañarse)
7. Ana, _____ le el cubo y la pala a ese niño. (dar)

6. Escribe en forma negativa.

1. Ponte el bañador rojo.
   No te pongas el bañador rojo.
2. Tira esos papeles a la papelera.
3. Bebe más líquido.
4. Dame la toalla.
5. Ponme más crema protectora.
6. Sal del agua.
7. Lleva el perro a la playa.
8. Ponte las zapatillas.

7. Elena y su marido han ido a la playa y han pasado mucho rato al sol. Ahora Juan se encuentra mal. Escucha la conversación con el médico y completa. **46**

DOCTOR: Buenas tardes, ¿(1)_____ ?
JUAN: Mire, es que hemos estado en la playa y tengo la espalda roja.
DOCTOR: A ver, (2)_____ la camisa. Se ha quemado la espalda ¿(3)_____ ha estado al sol?
JUAN. Unas dos horas.
DOCTOR: ¿Y no se ha puesto crema (4)_____ ?
ELENA: Yo se lo he dicho, pero los hombres…
JUAN: Y también (5)_____ la cabeza…
DOCTOR: Bueno, para tomar el sol hay que tomar precauciones. Ahora póngase esta (6)_____ contra las quemaduras y tómese estas (7)_____ para el dolor de cabeza. Y otra vez, póngase crema protectora y cómprese una (8)_____ . No es bueno tomar tanto sol.
JUAN: Sí, doctor, gracias.

HABLAR

8. En parejas. *A* es el médico y *B* el enfermo. Practica los diálogos en la consulta del médico. Elige uno de los problemas del recuadro.

> dolor de garganta / de cabeza / de estómago
> insomnio = no poder dormir
> estar cansado – tener gripe

A. *Buenos días, ¿qué le pasa?*
B. *Buenos días. Verá, es que no puedo dormir.*
A. *¿Cuánto tiempo hace que le pasa?*
B. *Dos meses.*

B. Mi jefe está de mal humor

1. ¿Cómo estás hoy?

contento/a

de buen/mal humor

nervioso/a

enfadado/a

normal, ni bien, ni mal

2. Relaciona cada imagen con un adjetivo.

1. deprimida	a	4. harta	☐	
2. caliente	☐	5. enamorada	☐	
3. cansado	☐	6. desordenada	☐	

3. Completa con los adjetivos anteriores.

1. A. Javier, ¿qué te pasa?, tienes mala cara.
   B. Hoy he tenido mucho trabajo y estoy *cansado*.

2. A. Hola, María, ¿qué tal?
   B. Fatal, estoy _____ de limpiar y de ordenar la casa, y mis hijos no ayudan nada.

3. A. Jesús, toma ya la sopa.
   B. No puedo, está muy _____ .

4. A. ¿Qué le pasa a Aída?
   B. No sé, está muy rara, yo creo que está

   _____ .

5. A. Luis, tu mesa está muy _____ ,
   así no puedes estudiar bien.

6. A. ¿Por qué está _____ Ana?
   B. Porque ha muerto su padre.

4. Escucha y comprueba. **47**

GRAMÁTICA

Verbo *estar*

• Usamos ***estar*** para describir estados de ánimo de las personas:
  *Mi madre **está** cansada de trabajar.*

• Estados temporales de las cosas:
  *Este café **está** muy caliente.*

5. Subraya el verbo adecuado.

1. Ya *soy / estoy* harta de ver siempre los mismos programas de la tele.
2. Javier, limpia tu cuarto, *es / está* muy sucio.
3. Las verduras *son / están* muy buenas para la salud.
4. Mamá, estos macarrones *son / están* buenísimos.
5. Ayer *éramos / estábamos* aburridos y nos fuimos al cine.
6. A mí no me gusta la clase de historia, *es / está* muy aburrida.

6. Relaciona.

1. contento	a. animado
2. nervioso	b. sucio
3. lleno	c. triste
4. limpio	d. libre
5. libre	e. ocupado
6. reservado	f. vacío
7. deprimido	g. tranquilo

GRAMÁTICA

Adjetivos + verbo *ser* o *estar*

Algunos adjetivos cambian totalmente de significado si se usan con **ser** o con **estar**.

ser / estar despierto   *ser / estar bueno*

ser / estar listo   *ser / estar reservado*

7. Relaciona.

1. Ser listo
2. Estar bueno
3. Estar despierto
4. Ser despierto
5. Ser bueno
6. Estar listo
7. Ser reservado

a. ser inteligente
b. estar preparado
c. no estar dormido
d. tener buen corazón
e. no hablar de sí mismo
f. no estar enfermo
g. ser hábil

8. Escribe frases con estas expresiones y léeselas a tus compañeros.

*Andrés **es** un chico despierto, sabe muchas cosas.*

ESCUCHAR

9. Carmen y Marisa se encuentran y hablan de su familia. Escucha y señala *V* o *F*. **48**

1. La madre de Marisa está enferma. ☐
2. El padre tiene la tensión alta. ☐
3. La hermana de Marisa se ha separado. ☐
4. El cuñado de Marisa está deprimido. ☐
5. Los niños están con la cuñada. ☐
6. Carmen tiene un nuevo trabajo. ☐

10. Lee la historia de Leo Verdura. Responde las preguntas.

1. ¿Qué le pasa a Raad?
2. ¿Qué expresiones utiliza Leo para animar a su amigo?
3. ¿Al final Raad está más animado? ¿Por qué?

c. ¡Que te mejores!

1. ¿A quién se dice esa expresión (*¡que te mejores!*) en español? ¿En tu idioma se dicen cosas similares?

1. A alguien que está enfermo. ☐
2. A alguien que tiene pronto un examen. ☐
3. A alguien que es muy mala persona. ☐

2. Mira las imágenes y relaciónalas con las expresiones.

1. ¡Que te mejores! [b]
2. ¡Que tengas buen viaje! ☐
3. ¡Que le aproveche! ☐
4. ¡Que seáis felices! ☐
5. ¡Que cumplas muchos más! ☐

GRAMÁTICA

Presente de subjuntivo

Regulares

Descansar	Comer	Vivir
descanse	coma	viva
descanses	comas	vivas
descanse	coma	viva
descansemos	comamos	vivamos
descanséis	comáis	viváis
descansen	coman	vivan

Irregulares frecuentes

Tener	Ser	Ir	Venir
Tenga	sea	vaya	venga
tengas	seas	vayas	vengas
tenga	sea	vaya	venga
tengamos	seamos	vayamos	vengamos
tengáis	seáis	vayáis	vengáis
tengan	sean	vayan	vengan

- El presente de subjuntivo se utiliza aquí para expresar buenos deseos ante una situación:
  *¡Que **seáis** felices! (En una boda)*
- También se utiliza en frases que dependen de un verbo principal:
  *Espero que tú **vengas** a mi boda.*
- Si el sujeto del verbo principal y el de la subordinada es el mismo, se usa el infinitivo:
  ***Espero llegar** a tiempo.*
  (yo)   (yo)

3. Escribe la forma del subjuntivo.

1. Ella, ir: *vaya*
2. Ellos, venir: _____
3. Nos., tener: _____
4. Yo, ser: _____
5. Vd., venir: _____
6. Tú, cumplir: _____
7. Ellos, estudiar: _____
8. Yo, casarse: _____
9. Tú, vivir: _____
10. Él, ser _____
11. Ella, tener _____
12. Ellos, terminar: _____
13. Nos., ser: _____
14. Vdes., mejorar: _____
15. Yo, ir: _____
16. Tú, escribir: _____
17. Vos., venir: _____
18. Tú, tener: _____

7
C

4. Todos los padres tienen expectativas y buenos deseos para el futuro de sus hijos. ¿Qué esperan tus padres de ti?

> estudiar mucho – trabajar pronto
> casarse con un buen/a chico/a – tener hijos
> comprar una casa – ir a verlos – ser feliz

Mis padres esperan que yo estudie mucho.

ESCUCHAR

5. Roberto y Maribel hablan de sus deseos para el futuro. Escucha y completa la información. **49**

Roberto espera _____
Maribel espera que sus hijos _____

HABLAR

6. Piensa y escribe en un papel algunos deseos y expectativas. Luego háblalo con tus compañeros.

Yo espero encontrar un buen trabajo.
Yo espero que mi novia encuentre un buen trabajo.

ESCRIBIR

7. Completa el correo con los datos del recuadro.

> Un abrazo – Cómo están – tiene que ir
> Te escribo – que estés – esté mejor
> me digas – espero – El curso dura

○ ○ ○   Viaje a Barcelona
Enviar Chat Adjuntar Agenda Tipo de letra Colores Borrador

Para: Araceli
Cc:
Asunto: Viaje a Barcelona

Cuenta: Rosa <rosa@jazzfree.com>

Sevilla, 14 de marzo de 2005

Querida Araceli:
¿Qué tal estás? Espero (1)_____
bien. Nosotros estamos bien, trabajando como siempre.
(2)_____ para pedirte un favor.
Resulta que Julia (3)_____ este verano a Barcelona a hacer un curso de Derecho Internacional y he pensado que podía estar en tu casa. ¿Qué te parece? (4)_____ dos semanas, exactamente del 1 al 15 de julio. Si tienes algún problema no tienes más que decírmelo.
¿Y tus padres? ¿(5)_____? Espero que tu padre ya (6)_____ de su enfermedad.
¿Y tu trabajo? ¿Sigues en el mismo hospital?
Bueno, (7)_____ que me escribas y me digas qué piensas del tema.
(8)_____ muy fuerte de tu amiga.
Rosa.

7
C

PRONUNCIACIÓN Y ORTOGRAFÍA

1. Escucha y señala la palabra que oyes. **50**

> pero – perro // poro – polo // pala – para
> tara – tala // morar – molar
> caro – carro // poro – porro // pero – perro

2. Escucha y completa con *r* o *rr*. **51**

1. Dame una pala pa___a trabajar.
2. Este jersey es muy ca___o, y además tiene una ta___a.
3. Quie___o un polo de mo___as.
4. El pe___o de ___osa se llama Toby.
5. Maribel tiene la ca___a sucia.
6. En México los coches se llaman ca___os.

3. Comprueba con tu compañero.

Autoevaluación

1. Completa la tabla.

Afirmativo	Negativo
Báñate	No te bañes
Pasa	_____
Ábrelo	_____
_____	No lo compres
_____	No lo comas
Sal	_____
_____	No entres
Espere	_____
_____	No beba
Siéntate	_____

2. Completa la conversación.

MÉDICO: Pase y siéntese. ¿ _____ ?

FERNANDO: No sé, no me _____ bien, _____ la cabeza y _____ mucha tos.

MÉDICO: ¿ _____ empezó el dolor y la tos?

FERNANDO: _____ dos días, el lunes.

MÉDICO: ¿ _____ usted fiebre?

FERNANDO: Sí, esta mañana me he puesto el _____ y tenía 38,5 grados.

MÉDICO: Creo que es un resfriado. _____ estas pastillas para el dolor de cabeza y este jarabe para la tos. _____ mucho líquido y no _____ a la calle. _____ a verme la semana próxima.

FERNANDO: Gracias, doctor.

3. Escribe el adjetivo contrario.

1. tranquilo _____
2. contento _____
3. deprimido _____
4. vacío _____
5. aburrido _____
6. limpio _____
7. ordenado _____
8. libre _____
9. cansado _____
10. caliente _____

4. ¿Qué se dice en estas situaciones? Mira el recuadro.

> Que tengas buen viaje – Que te diviertas
> Que les aproveche – Que descanses
> Que te mejores – Que tengas suerte

1. A un amigo que se va a una fiesta.
   ¡Que te diviertas!
2. A alguien que va a examinarse del carné de conducir.
   _____
3. A una persona que se va a dormir.
   _____
4. A una pareja que está comiendo.
   _____
5. A alguien que está enfermo.
   _____
6. A alguien que se va de viaje.
   _____

5. Ordena las frases.

1. mañana / no / esperamos / Nosotros / que / llueva
   Nosotros esperamos que mañana no llueva.
2. hijo / su / estudie / que / Medicina / Él espera
   _____
3. Ricardo / pronto / que / Espero / venga
   _____
4. espera / estudios / los / acabar / ya / María
   _____
5. estéis / Esperamos / bien / que
   _____
6. pases / buen / de / cumpleaños / día / que / Espero
   _____
7. que / Lucía / conmigo / se case / Espero
   _____
8. me / pronto / Espero / que / escribas
   _____

☺ ☺ ☹ *Soy capaz de...*

☐☐☐ *Utilizar el imperativo para dar consejos.*

☐☐☐ *Hablar de estados de ánimo.*

☐☐☐ *Expresar deseos. Presente de subjuntivo.*

De acá y de allá

EMIGRAR A OTRO PAÍS

1. ¿Qué sabes de los emigrantes hispanoamericanos en Estados Unidos?

2. Lee el texto y completa las frases con la información del mismo.

VIVIR ENTRE DOS MUNDOS

Paloma de la Cruz es una de los millones de hispanos que viven "entre dos mundos". Nació en Ecuador y vive en Estados Unidos desde 1988. Es periodista y actualmente trabaja en la cadena nacional NBC.

¿Por qué viniste a Estados Unidos?

Yo salí de mi país porque era joven, tenía inquietudes y ambiciones. Tenía una prima en Los Ángeles, así que me vine acá. Desde que llegué empecé a trabajar y estudiar. Además de trabajar iba a la escuela nocturna para mejorar mi inglés y estudiar otras materias. Y poco a poco descubrí mi camino, mi vocación. Empecé a trabajar en noticias, en televisión. Me encantó y aquí estoy.

¿Qué significa ser emigrante?

Ser un emigrante no es fácil. Te alejas de la gente que te quería, de lugares conocidos, de tus amigos. Por otro lado empiezas un mundo nuevo, otras maneras de vivir y tienes que adaptarte día a día. Al principio es duro, luego aprendes a desenvolverte en tu nueva vida y te acostumbras. Para ganar algo, para tener una vida mejor, tienes que perder algo. La condición de emigrante es así. Aunque ahora tengo aquí mi vida, voy mucho a mi país, vuelvo cada año a ver a mi familia y mis amigos y trato de ayudarles en lo que puedo.

1. Paloma Cruz es _____ , llegó a Estados Unidos _____ .

2. Emigró porque _____ y porque tenía _____ en _____ .

3. Durante el día _____ y por la noche _____ para _____ .

4. Ser emigrante es difícil porque _____ .

5. Paloma _____ a Ecuador _____ para _____ .

3. ¿Conoces a algún emigrante? ¿Qué problemas tuvo al llegar? Si tú mismo eres un emigrante, ¿qué problemas has tenido?

7 D

Hablar de las condiciones de trabajo.

A. Buscando trabajo

1. Comenta con tu compañero/a.

¿Cuántos trabajos has tenido?
¿Qué día de la semana es el mejor para ti?
¿Qué día es el peor? ¿Por qué?

VOCABULARIO

2. Mira los dibujos. Escribe el número correspondiente.

> 1. mecánico 2. profesor 3. periodista
> 4. dependiente 5. conductor de autobús
> 6. guía turística 7. enfermera
> 8. cocinero 9. peluquera 10. programador

3. Relaciona las profesiones del ejercicio anterior con los siguientes lugares de trabajo.

periódico: *periodista*

agencia de viajes:

taller mecánico:

peluquería:

supermercado:

colegio/instituto:

restaurante:

empresa de transportes:

hospital:

empresa informática:

4. ¿Quién dice las siguientes frases?

1. Llevo a la gente en mi autobús: *el conductor de autobús.*
2. Corto el pelo a mis clientes: _____
3. Me gusta arreglar coches: _____
4. Informo a los turistas: _____
5. Enseño a mis alumnos: _____

HABLAR

5. ¿Y tú, qué haces? Elige una de las profesiones anteriores y descríbela para que la adivine tu compañero.

6. Lee y completa con las expresiones del recuadro. Después escucha y comprueba. **52**

> ¿Cuánto es el sueldo? – ¿Qué piden?
> Llamo por el anuncio del periódico
> ¿Qué horario de trabajo tienen?

TALLER MECÁNICO necesita pintor de automóviles.

Se requiere:
- experiencia
- carné de conducir
- residencia en Madrid

ALICIA:	Mira, aquí hay un anuncio donde necesitan un pintor de coches.
PEDRO:	(1)_____ .
ALICIA:	Piden algo de experiencia, tener el carné de conducir y vivir en Madrid.
PEDRO:	¡Ah, muy bien! Voy a llamar. Buenos días, (2)_____ . Soy pintor de coches y quiero enterarme de las condiciones del trabajo.
EMPRESARIO:	Sí, dime, ¿qué quieres saber?
PEDRO:	¿Dónde está el taller?
EMPRESARIO:	En el km 16 de la carretera de La Coruña.
PEDRO:	Y, (3)_____ .
EMPRESARIO:	Empezamos a las 8:30 de la mañana y acabamos a las 17:30 de la tarde, con una hora para comer. Trabajamos un sábado sí y otro no.
PEDRO:	(4)_____ .
EMPRESARIO:	Para empezar, son catorce pagas de 1.000 €, y luego… ya hablaremos.
PEDRO:	Bueno, pues… me pasaré mañana para hablar con ustedes…

HABLAR

7. En parejas, *A* es el candidato y *B* el jefe de personal. Llama a cada uno de los anuncios para informarte de las condiciones. Pregunta por el lugar de trabajo, el horario, el sueldo…

Dependiente SECCIÓN HOMBRE
Máximo 30 años. Buena presencia.
Foto imprescindible. Tel.: 914 985 612

COOPERATIVA DE PROFESORES necesita
Profesores de Educación Primaria y Secundaria en diferentes especialidades. Interesados llamar al tel.:
915 697 848

8. Lee el texto y luego contesta las preguntas.

CARLOS ES PELUQUERO. Trabaja en una peluquería de señoras en Madrid. Es una de las peluquerías más caras del centro de la ciudad. Trabaja seis días a la semana, de lunes a sábado. Su horario empieza a las 10 de la mañana y termina a las 6 de la tarde.

Normalmente atiende a muchos clientes cada día. A veces, a su peluquería van artistas famosas. Su clienta más conocida es Penélope Cruz. A Carlos le gusta hablar con sus clientas de sus familias y de las vacaciones.

No gana mucho dinero, pero a veces le dan muy buenas propinas. "Me encanta mi trabajo", dice Carlos. "Es muy interesante. Algún día abriré mi propia peluquería".

1. ¿Cuál es el trabajo de Carlos?
2. ¿Dónde trabaja?
3. ¿Cuántos días trabaja a la semana?
4. ¿A qué hora termina de trabajar?
5. ¿Quién es su clienta más famosa?
6. ¿Tiene un sueldo muy alto?
7. ¿Qué planes tiene para el futuro?

ESCUCHAR

9. Escucha a Sofía hablando sobre su trabajo. ¿Son las frases verdaderas o falsas? **53**

1. Sofía es enfermera.	V
2. Trabaja en un hospital en Barcelona.	☐
3. Cada semana cambia el turno.	☐
4. Trabaja con personas mayores.	☐
5. A ella le encanta su trabajo.	☐

HABLAR

10. En grupos de 4, uno piensa en un trabajo y los otros adivinan cuál es, haciendo preguntas como las de los recuadros.

¿Trabajas… en una oficina? – en casa?
en una empresa grande? – los fines de semana?
por la mañana / tarde / noche?
¿Tienes que… conducir? – trabajar con el ordenador?
llevar uniforme? – utilizar algún tipo de máquina?
viajar?
¿Normalmente… hablas mucho?
conoces a mucha gente? – das órdenes a otros?
utilizas un idioma extranjero?

8
A

B. Sucesos

1. ¿Cuáles son los periódicos más importantes en tu país?

2. Mira los extractos de este periódico.
Relaciónalos con las distintas secciones.

> a. anuncios por palabras b. internacionales
> c. cartelera d. locales e. sucesos
> f. nacionales g. cartas al director
> h. deportes

CUATRO GOLES DE RONALDO
Real Madrid – 5
Sevilla – 1 [h]

El alcalde ha inaugurado la ampliación del Museo de Arte Contemporáneo "Reina Sofía". ☐

El Parque de Doñana se recupera de las fuertes agresiones ecológicas sufridas el pasado año. ☐

Bicicleta de montaña, muy buenas condiciones. 150 € Tel.: **919024670** ☐

Escribo esta carta para expresar mi indignación por la mala organización... ☐

Detenido un ladrón que actuaba en las paradas de autobuses. ☐

La Unión Europea, tras aprobar su Constitución, nombra nuevo Presidente. ☐

Tricicle representa su obra *Sit*
Teatro Nuevo Apolo   **Última semana** ☐

3. Mira los dibujos y relaciona.

1. Cuando estaba esperando el autobús… ☐
2. Mientras estábamos viendo el partido… ☐
3. Cuando se estaba duchando… ☐
4. Mientras estaban de vacaciones… ☐
5. Cuando estaba estudiando… ☐

a. …la llamaron por teléfono.
b. …me robaron el bolso.
c. …los ladrones entraron en su casa.
d. …se estropeó la televisión.
e. …Juan vino a buscarme.

GRAMÁTICA

- Con el **pretérito indefinido** se expresa una acción acabada en el pasado.
  Me robaron el bolso.

- Con la forma *estaba* + **gerundio** se expresa una acción en desarrollo en el pasado.
  Estaba esperando el autobús.

- Ambas formas se utilizan juntas cuando una acción puntual ocurre en el medio de otra acción en desarrollo.
  Cuando estaba esperando al autobús, me robaron el bolso.

4. Elige la forma correcta de los verbos.

> **DOS HOMBRES** *intentaron* / *estaban intentando* escapar de la prisión cuando otro recluso se quejó a los guardias del ruido. Los guardias inmediatamente (1) *detuvieron* / *estaban deteniendo* a los dos hombres.
>
> **EN ITALIA** un hipnotizador (2) *encontró* / *estaba encontrando* a dos ladrones en su casa. Los ladrones (3) *buscaron* / *estaban buscando* dinero. El hipnotizador trató de hipnotizarlos, pero ellos no le escucharon y (4) *escaparon* / *estaban escapando* con el dinero.
>
> **UN LADRÓN** no encontró nada de dinero cuando intentaba robar en una cafetería de Valladolid. Escondió al dueño de la cafetería y (5) *empezó* / *estaba empezando* a servir a los clientes. El ladrón (6) *sirvió* / *estaba sirviendo* a dos policías cuando ellos le (7) *detuvieron* / *estaban deteniendo*.

5. Mira los dibujos y forma las frases.

1. esquiar / caerse.
   Cuando estaba esquiando, se cayó.

2. esperar a mi novia / encontrarse con unos amigos.

3. (nosotros) comer / llegar Laura.

4. (ellos) llegar a Madrid / el coche / tener una avería.

5. (yo) correr por la playa / ver a Juan.

6. hablar con mi hermana / quemarse la comida.

GRAMÁTICA

Pretérito pluscuamperfecto

Pretérito imperfecto de *haber* + participio

Había	
Habías	
Había	+ escapado / escondido / servido
Habíamos	
Habíais	
Habían	

- Con el **pretérito pluscuamperfecto** expresamos acciones pasadas que son anteriores a otras.

*Cuando **llegó** la policía, el ladrón se **había escapado**.*

6. Pon el verbo en la forma correcta (pretérito indefinido o pretérito pluscuamperfecto).

1. Juan *llamó* (llamar) por teléfono a Elena esta mañana, pero ya *se había ido* (irse).

2. Andrés _____ (perder) el reloj que sus padres le _____ (regalar).

3. La policía _____ (descubrir) dónde _____ (esconder) los diamantes los ladrones.

4. Nadie _____ (venir) a la fiesta porque a Sara se le _____ (olvidar) avisar a sus amigos.

5. Julia _____ (enfadarse) con Antonio porque él _____ (llegar) tarde a la cita.

C. Excusas

1. Lee la siguiente viñeta.

GRAMÁTICA

Estilo directo	Estilo indirecto
... *dijo*...	... *me dijo que*...
"tengo clase"	... *tenía* clase
"quedé ayer"	... *había quedado* ayer
"antes hacía deporte"	... antes *hacía* deporte
"he comprado un reloj"	... *había comprado* un reloj
"voy a llevar el gato..."	... *iba a llevar* el gato

2. Transforma a estilo indirecto las frases seleccionadas de una entrevista realizada por la Cadena Ter al famoso fotógrafo Juan Cebreros sobre su trabajo.

1. Cuando era joven, trabajaba en un laboratorio fotográfico.
   Juan dijo que cuando era joven, trabajaba en un laboratorio fotográfico.

2. Me gusta mucho mi trabajo.

3. Tengo un equipo de tres compañeros estupendos.

4. El verano pasado hicimos un reportaje muy interesante sobre el Sahara.

5. Hace unos días nos han dado un premio por este reportaje.

6. El mes que viene vamos a viajar a Costa Rica para realizar un nuevo trabajo.

Preguntas en estilo indirecto

- En preguntas con pronombre interrogativo, se mantiene el interrogativo:

  ¿Cuántos años tienes?, preguntó Juan.
  *Juan le preguntó **que cuántos años tenía**.*

- En preguntas sin interrogativo, se utiliza la conjunción *si*.

  ¿Tienes tres hijos?, preguntó Juan.
  *Juan **le preguntó** si **tenía tres hijos**.*

ESCUCHAR

3. Rosa ha estado fuera de la ciudad este fin de semana. Escucha y completa los cinco mensajes que le han dejado en su contestador. **54**

1. ¡Hola, soy Carlos! He comprado *las entradas* para el concierto. ¿Quedamos *mañana* a las *5 de la tarde* en la puerta del teatro?

2. Soy Paloma. Ya he terminado de leer _____ .
   ¿ _____ hora paso a dejártelo?

3. ¡Buenos días! Llamamos del _____ .
   Su pedido ya está preparado. Puede recogerlo
   _____ .

4. ¡Hola, soy Manuel! _____ me llamó Luisa. He quedado con ella para
   _____ . ¿Te vienes a comer?

5. Llamo de la consulta del doctor Ramírez. La cita de _____ ha sido aplazada para _____ a la misma hora. Gracias.

4. La compañera de piso de Rosa le ha escrito el primer mensaje. Escribe tú los otros.

Llamó Carlos y dijo que había comprado las entradas para el concierto y quería saber si quedabais mañana a las cinco de la tarde en la puerta del teatro.

PRONUNCIACIÓN Y ORTOGRAFÍA

Oposición /p/ – /b/

1. Escucha y repite. **55**

> padre – pelo – puedo – pongo – polo
> papá – pipa – perro – piso – pan – playa

2. Escucha y repite. **56**

> vamos – ven – bien – balón – abuelo
> visto – beber – vivo – billete – volver

3. Escucha y señala la palabra que oyes. **57**

1.	Valencia	Palencia
2.	pan	van
3.	baño	paño
4.	pista	vista
5.	bota	poda
6.	piso	viso
7.	patata	batata
8.	pino	vino
9.	pollo	bollo
10.	perro	berro

8
C

Autoevaluación

1. Completa el crucigrama.

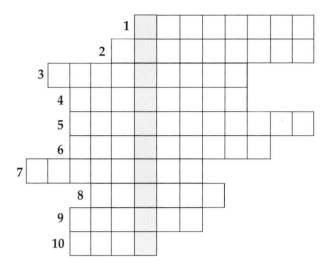

1. Enseña a sus alumnos
2. Corta el pelo a sus clientes.
3. Cuida a los enfermos en el hospital.
4. Prepara comidas en un restaurante.
5. Trabaja con ordenadores.
6. Lleva un autobús.
7. Arregla coches.
8. Compone música.
9. Pinta cuadros.
10. Acompaña a los turistas.

2. La semana pasada me encontré con un amigo que hacía diez años que no veía. Completa el texto, utilizando el pretérito pluscuamperfecto.

Me dijo que *había terminado* (terminar) la carrera y que (1)_____ (encontrar) trabajo, que él y su novia (2)_____ (casarse) y se (3)_____ (comprar) un piso. Me contó que su padre (4)_____ (jubilarse) y a su hermana le (5)_____ (tocar) la lotería.

3. Un policía ha parado a un motorista y le hace las siguientes preguntas. Cambia la conversación a estilo indirecto.

POLICÍA: ¿Cómo se llama?
MOTORISTA: Juan Gutiérrez.
POLICÍA: ¿De quién es la moto?
MOTORISTA: Me la he comprado hace una semana.
POLICÍA: ¿Tiene permiso de conducir?
MOTORISTA: Sí, lo tengo.
POLICÍA: ¿Puedo verlo?
MOTORISTA: No lo llevo encima.
POLICÍA: ¿Puede llevarlo a la Oficina de Tráfico lo antes posible?
MOTORISTA: Sí, no hay ningún problema.
POLICÍA: Puede continuar.

El policía le preguntó cómo se llamaba y el motorista respondió Juan Gutiérrez. Luego le preguntó…

4. El sábado por la mañana Susana llamó a su amigo Pedro para quedar. Pon los verbos en su forma más adecuada. (*Estar* + gerundio / pretérito indefinido)

1. Pedro *estaba escuchando* (escuchar) la radio cuando Susana le *llamó* (llamar) por teléfono.

2. Ellos _____ (pensar) qué hacer cuando Pedro _____ (proponer) jugar un partido de tenis.

3. Cuando _____ (llegar), otras dos personas _____ (usar) la pista de tenis.

4. Pedro _____ (comprar) unos helados mientras _____ (esperar) para jugar.

5. Cuando ellos _____ (jugar), _____ (empezar) a llover.

😊 😐 ☹️ *Soy capaz de…*

☐ ☐ ☐   *Hablar del trabajo.*

☐ ☐ ☐   *Leer / entender noticias del periódico.*

☐ ☐ ☐   *Utilizar el estilo indirecto.*

De acá y de allá

ESCRITORES DE HABLA HISPANA

1. ¿Qué escritores de habla hispana conoces? Lee sobre estos dos famosos escritores.

ISABEL ALLENDE (1942)

NOVELISTA y periodista chilena nacida en Lima, Perú. Su padre era diplomático. Trabajó como periodista y también hizo cine y televisión. Se exilió a Venezuela en 1973 cuando su tío Salvador Allende, presidente de Chile, murió asesinado. En el exilio escribió su primera novela: *La casa de los espíritus,* que fue muy bien acogida por la crítica y llevada al cine.

En sus siguientes novelas continuó tratando asuntos personales y políticos. *De amor y de sombra, Eva Luna* y *Cuentos de Eva Luna* son algunas de ellas.

En 1995 publicó *Paula*, un libro de recuerdos dedicado a su hija, que murió después de una larga enfermedad. Con sus obras ha ganado reconocimiento internacional.

MANUEL VÁZQUEZ MONTALBÁN

(1939-2003)

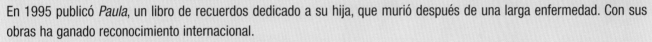

POETA, periodista y novelista nacido en Barcelona. La política y la crítica social fue constante en su obra. En 1991 recibió el Premio Nacional de Literatura por la novela *Galíndez*, y el Premio Planeta en 1978 con la novela *Los mares del sur.* Como periodista colaboró en revistas y diarios con artículos sobre la actualidad política y social española.

Entre sus obras destaca el ciclo de novelas que protagoniza el detective Pepe Carvalho, así como la *Autobiografía del general Franco*, que describe en primera persona la vida del dictador.

Murió el 18 de octubre de 2003 a causa de un paro cardiaco en Tailandia.

2. ¿Verdadero o falso?

1. Los dos escritores empezaron su carrera literaria como periodistas. ☐

2. Isabel Allende escribió su primera novela en Chile. ☐

3. La temática de ambos escritores está relacionada con la vida política. ☐

4. Han hecho una película basada en la primera novela de Isabel Allende. ☐

5. Isabel Allende sólo es conocida en Hispanoamérica. ☐

6. Manuel Vázquez Montalbán no sólo escribió novela. ☐

7. Pepe Carvalho fue un personaje muy importante en su obra. ☐

8. Murió en su casa de Barcelona. ☐

8 D

Hablar de la duración de una actividad actual.

A. ¿cuánto tiempo llevas esperando?

1. Mira las imágenes. ¿Dónde están? ¿Qué están haciendo?

2. Lee y escucha. 58

A.

PILAR: ¿Cuánto tiempo llevas trabajando en este hospital?

MÓNICA: Tres meses, ¿y tú?

PILAR: Yo llevo sólo un día. Empecé ayer. Estoy un poco nerviosa.

B.

SUSANA: Hablas muy bien español. ¿Cuánto tiempo llevas estudiándolo?

PIERRE: En mi país estudié cuatro años y ahora llevo cinco meses en Barcelona.

C.

ALBERTO: ¿Cuánto tiempo llevas esperando?

IGNACIO: Más de una hora. Llegué a las 7 y ya son las 8 y cuarto.

VIRGINIA: Yo llevo dos horas, desde las seis.

3. Completa según la información de los diálogos.

1. A. ¿Cuánto tiempo lleva _____ Pilar en el hospital?
    B. Pilar _____ _____ en el hospital un día.

2. A. ¿Cuánto tiempo _____ _____ español Pierre?
    B. Pierre lleva _____ español cuatro años y cinco meses.

3. A. ¿Cuánto tiempo llevan _____ en la cola?
    B. Ignacio _____ esperando más de una hora y Virginia _____ _____ desde las cinco.

4. Responde *sí* o *no*.

1. ¿Trabajan Pilar y Mónica en el hospital ahora?

2. ¿Estudia Pierre español actualmente?

3. ¿Están esperando en la cola Ignacio y Virginia?

GRAMÁTICA Y COMUNICACIÓN

Llevar + gerundio

- Utilizamos la expresión *llevar* + gerundio para hablar de una actividad que empezó en el pasado y continúa en el presente, especialmente para expresar la duración de tal actividad.

  (Luis está trabajando ahora. Empezó hace dos horas.)
  Luis lleva trabajando dos horas.
  Luis lleva trabajando desde las 4.

- También se dice el marcador temporal entre *llevar* y el **verbo en gerundio**.

  Luis lleva dos horas trabajando.
  Luis lleva desde las cuatro trabajando.

5. Sigue el ejemplo.

1. Carlos está tocando el piano (1 hora).
   Carlos lleva tocando el piano una hora.

2. Yo vivo en Segovia (6 meses).

3. Los niños están viendo la tele (las tres).

4. David sale con Margarita (septiembre).

5. Diana trabaja en Argentina (1 año).

6. Mis amigos estudian español (2 años).

7. Nosotros cantamos en un coro (mucho tiempo).

8. Miguel juega al ajedrez (varios años).

9. Ellos nos están esperando (media hora).

6. Retoma la actividad anterior y escribe la pregunta y la respuesta correspondiente. Luego, practica con tu compañero los diálogos.

A. *¿Cuánto tiempo lleva tocando el piano Carlos?* o
   ¿Cuánto tiempo lleva Carlos tocando el piano?
B. *Carlos lleva una hora tocando el piano.*

7. Escucha a estos dos jóvenes que viven en España, hijos de padres extranjeros. Señala V o F. Corrige las afirmaciones falsas. **59**

A. CHEN, 15 años, padres chinos

1. Los padres de Chen tienen un restaurante. [V]
2. Llevan en España 19 años. ☐
3. Los padres no hablan español. ☐
4. A Chen no le gusta la cultura española. ☐
5. Los españoles son más abiertos que los chinos. ☐
6. Chen lleva dos años jugando en un equipo de fútbol. ☐

B. MIGUEL THOMPSON, padres británicos

1. Los padres de Miguel son de Toledo. [F]
   Los padres son británicos.
2. Miguel se siente más cerca de los españoles. ☐
3. Los padres llevan casi trece años en España. ☐
4. Los españoles son más abiertos que los ingleses. ☐
5. Algunas veces Miguel choca con gente cerrada. ☐

HABLAR

8. Imagina una serie de actividades. Practica con tu compañero como en el ejemplo. Utiliza la lista siguiente como ayuda.

- Estudiar un idioma: árabe, italiano, chino…
- Salir con un chico/a.
- Trabajar en una empresa de informática / seguros / construcción.
- Jugar al fútbol / tenis / baloncesto en un equipo.
- Aprender a bailar flamenco / tango / danza del vientre…
- Vivir en el campo…

A. *¿Sabes? Estoy estudiando árabe.*
B. *¿Ah sí? Cuánto tiempo llevas estudiando (árabe)?*
A. *Llevo seis meses.*

9
A

> *Hablar de cine y actividades de tiempo libre.*

B. ¿Qué has hecho el fin de semana?

1. Comenta con tus compañeros.

¿Te gusta el cine? ¿Cuántas películas ves al mes?
¿Qué película, de las últimas que has visto,
te ha gustado más?
¿Recuerdas alguna película de habla hispana?

ESCUCHAR

2. Escucha y di si las siguientes afirmaciones son verdaderas o falsas. **60**

1. Pepa vio una película española. ☐
2. Beatriz estuvo en el cine con sus amigos. ☐
3. Beatriz y sus amigos fueron a la playa el domingo. ☐
4. Mariano no ha salido durante el fin de semana. ☐
5. El partido de fútbol fue muy divertido. ☐

GRAMÁTICA

Pretérito indefinido / pretérito perfecto

- Se usa el **pretérito perfecto** en las preguntas y cuando se habla de un tiempo no cerrado.

- Se usa el **pretérito indefinido** para hablar de acciones acabadas.

*¿Qué **has hecho** este fin de semana?*
*El sábado **estuve** en el cine y el domingo **fui** a la playa.*

HABLAR

3. Practica con tu compañero/a diálogos semejantes a los anteriores. Piensa algunas actividades de tiempo libre.

A. *¿Qué has hecho este fin de semana?*
B. *El sábado fui a ver un museo y el domingo no salí.*

4. Relaciona las siguientes definiciones con cada tipo de película.

1. Una película divertida que hace reír. ☐
2. Una película de indios y vaqueros. ☐
3. Una película en la que se canta y se baila. ☐
4. Película sobre fantasías del futuro. ☐
5. Película en la que se pasa mucho miedo. ☐
6. Película con policías y ladrones. ☐
7. Película con enfrentamientos bélicos. ☐
8. Película con muchas aventuras. ☐

a. musical
b. ciencia-ficción
c. comedia
d. terror
e. oeste
f. guerra
g. acción
h. policíaca

VOCABULARIO

5. Coloca los adjetivos del recuadro en la columna correspondiente.

> aburrido – interesante – divertida – rara
> maravillosa – horrible – estúpida
> desagradable – original – emocionante

Opiniones positivas	Opiniones negativas
divertida	rara

LEER

6. Lee el texto y completa con las palabras del recuadro.

> famoso – ~~argentina~~ – ópera – guión – risa
> director – premio – crisis – actores

EL HIJO DE LA NOVIA

El hijo de la novia es una superproducción (1) *argentina* con todos los ingredientes para tener éxito. Tiene un gran reparto de (2)_____, encabezado por **Ricardo Darín** y **Héctor Alterio**, y un (3)_____ que sabe combinar la (4)_____ con la emoción.

El hijo de la novia, trata de un hombre de 40 años que pasa una (5)_____ y se plantea qué está haciendo con su vida. El (6)_____ es **Juan José Campanella**.

CARMEN

Esta película trata una historia de amor y pasión, inspirada en la (7)_____ de Bizet. *Carmen* es el segundo musical de **Carlos Saura** y está protagonizado por el (8)_____ bailarín español **Antonio Gades**.

Recibió el (9)_____ a la Mejor Contribución Artística en el Festival de Cannes y fue nominada al Oscar como mejor película extranjera en 1984.

7. Contesta las siguientes preguntas.

1. ¿Qué nacionalidad tiene *El hijo de la novia*?
2. ¿Quiénes son sus protagonistas?
3. ¿Con qué adjetivos define la crítica la película?
4. ¿Quién dirigió la película *Carmen*?
5. ¿Qué nacionalidad tiene su protagonista?
6. ¿Qué tipo de película es *Carmen*?

8. Lee y completa con el vocabulario del recuadro.

> todo – casi todo el mundo – la mayoría
> casi la mitad – muy pocos – pocos

Tiempo libre. Actividades practicadas habitualmente por los jóvenes.

Cultura

Visitar museos y exposiciones	43%
Asistir a conferencias	10%
Leer libros	67%

Música

Escuchar música en directo	77%
Escuchar música grabada	100%
Oír la radio	48%

Ocio

Practicar un deporte	61%
Ir al cine	82%
Ver la TV	70%
Chatear	50%
Salir con los amigos	100%
Colaborar con alguna ONG	12%

1. *Casi la mitad* de los jóvenes visitan museos y exposiciones.
2. _____ asisten a conferencias.
3. _____ lee libros.
4. _____ escucha música en directo.
5. _____ escucha música grabada.
6. _____ de los jóvenes oye la radio.
7. _____ va al cine.
8. _____ salen con los amigos.
9. _____ jóvenes colaboran con alguna ONG.

c. ¿Qué te parece este...?

1. Mira los pósters y piensa dos adjetivos para cada uno.

> horrible – precioso – no está mal
> maravilloso – romántico
> original – bonito – soso

ESCUCHAR

2. Pablo y Ana están buscando pósters para su habitación. Escucha y completa lo que dicen. **61**

PABLO: Mira este de la niña, qué (1)_____ . ¿Te gusta?

ANA: No mucho, a mí me gusta más (2)_____ , el del bosque.

PABLO: ¿Ese? Es horrible. A mí me gusta más el de (3)_____ .

ANA: No me extraña, pero a mí ese no me gusta nada.

PABLO: Entonces, ¿cuál nos llevamos?

ANA: ¿No (4)_____ romántico el de los árboles?

PABLO: No, a mí me parece que es un poco (5)_____ , soso.

HABLAR

3. Con tu compañero practica opinando sobre los pósters.

A. *¿Qué póster te gusta más?*
B. *El 1. Me parece que es (muy)…*
A. *A mí también. / A mí no. A mí me gusta más…
porque me parece…*
A. *¿Qué póster te gusta menos?*
B. *El… no me gusta nada. Me parece que es…*
A. *A mí tampoco. / A mí sí me gusta, es…*

4. En la lista siguiente, hay algunos problemas que preocupan a los jóvenes. Señala los que te preocupan a ti.

TÚ

- El paro.
- Las drogas y el tabaco.
- Las discusiones con los padres.
- La contaminación y el medio ambiente.
- La corrupción política.
- La vivienda.
- La falta de dinero.
- Otros:

5. Roberto y Julia tienen diecisiete años. Escucha una vez la conversación y señala en la lista anterior los temas que mencionan. **62**

6. Escucha otra vez y señala *V* o *F*. Corrige las afirmaciones falsas. 62

1. A Roberto no le importa la política. | V |
2. Roberto cree que cada vez hay más contaminación. | |
3. Julia cree que los políticos son sinceros. | |
4. Los trabajos cada vez son peores. | |
5. La vivienda no es un problema importante | |
6. Roberto discute con sus padres todos los días | |
7. Julia piensa que hay muchas maneras de pasar el fin de semana. | |

COMUNICACIÓN

> **Expresar opinión**
>
> *A mí me preocupa* la contaminación del aire.
> A mí también. / A mí no.
> *A Roberto no le interesa* la política.
> A mí tampoco. / A mí sí.
>
> Yo *creo* / *pienso* que los políticos no son sinceros.
> Yo también lo creo. / Yo no lo creo.

7. Responde a las afirmaciones siguientes con las expresiones del recuadro.

> A mí sí – A mí no – A mí también
> A mí tampoco – Yo no – Yo también

1. A mí no me interesan nada las noticias.
   A mí tampoco.
2. A mi novio no le importa el dinero.
3. A mí me parece que cada vez hay más contaminación atmosférica.
4. Yo creo que los jóvenes de ahora son más egoístas que los de antes.
5. A mí me parece que las drogas son un problema muy importante.
6. A mí me preocupa mucho la corrupción política.

8. En grupos de 4. Escribe un párrafo opinando sobre los temas de la actividad cuatro. Luego, coméntalo con tus compañeros.

A mí el problema que más me preocupa es la vivienda. Yo tengo novio y quiero casarme, pero no tenemos dinero para comprarnos un piso porque están carísimos. Yo creo que nunca me iré de casa de mis padres.

PRONUNCIACIÓN Y ORTOGRAFÍA

> El sonido /θ/. La **c** y la **z**. *Za, ce, ci, zo, zu.*

1. Escucha y repite. 63

> cine – zapato – zona – azul – cielo – azúcar
> cigarrillo – cerveza – cenicero

2. Escribe algunas frases con las palabras del ejercicio uno y léeselas a tu compañero.

No me gusta el cine.

3. Después de escuchar la grabación, dicta este trabalenguas a tu compañero. Si te gusta, apréndelo de memoria. 64

*Si cien cenicientas encienden cien cirios,
cien mil cenicientas encenderán cien mil cirios.*

> • Muchos hablantes de español de España (en Canarias y Andalucía) y de Hispanoamérica no suelen realizar este sonido, lo pronuncian como *s*. A este fenómeno se le llama *seseo*.

9
C

Autoevaluación

1. Completa las frases utilizando *llevar* + gerundio con los verbos del recuadro.

> trabajar – bailar – ~~salir~~ – jugar – vivir
> buscar – aprender

1. Javier y Margarita *llevan saliendo* juntos dos años.
2. Ellos _____ piso desde el año pasado.
3. ¿Cuánto tiempo (tú) _____ al tenis?
4. Juan _____ en esta empresa desde el año pasado.
5. Yo _____ inglés toda la vida.
6. Mis amigos y yo _____ flamenco toda la noche.
7. ¿Cuánto tiempo (vosotros) _____ en Madrid?

2. Ayer hablaste con una jugadora de tenis profesional y descubriste la siguiente información. ¿Qué preguntaste en cada momento? Sigue el modelo.

1. Lleva jugando al tenis desde que tenía seis años.
   ¿Cuánto tiempo llevas jugando al tenis?
2. Lleva participando en torneos profesionales desde los trece años.
   _____
3. Lleva viviendo en Mónaco dos años.
   _____
4. Lleva haciendo yoga cinco años.
   _____
5. Hace dos años que entrena con Alberto Costa.
   _____
6. Sale con un actor famoso desde hace seis meses.
   _____

3. Completa el texto con las palabras del recuadro.

> humor – comedia – terror – original
> actriz – divertida – éxito – obra

La Comunidad

Esta película dirigida por Álex de la Iglesia ha sido un gran (1)_____ , al igual que su anterior (2)_____ *El día de la Bestia*, debido a la genial mezcla de (3)_____ y (4)_____ que hace su director. Esta película resulta muy (5)_____ y (6)_____ . La (7)_____ principal, Carmen Maura, hace un trabajo excelente.

4. Ordena las siguientes frases.

1. piensa / español / Todo / aprender / mundo / que / el / útil / es / muy.
   _____
2. de / salen / fines / La / amigos / de / sus / mayoría / con / los / los / semana / jóvenes.
   _____
3. mitad / población / en / la / mundial / China / de / Casi / vive / la.
   _____
4. pocos / gusta / A / niños / la / les / muy / verdura.
   _____

5. Completa con las siguientes expresiones.

> preocuparse – ~~me preocupa~~ – creo
> espero – piensan

(1) *Me preocupa* el futuro de la Tierra. (2)_____ que es un lugar maravilloso para vivir. Algunas personas (3)_____ que es difícil evitar la destrucción del planeta, pero yo no estoy de acuerdo. Según mi opinión, los políticos deben (4)_____ por buscar las soluciones a los problemas. (5)_____ que no sea demasiado tarde.

😊 😐 ☹️ *Soy capaz de…*

☐☐☐ *Hablar de la duración de una actividad actual.*

☐☐☐ *Hablar de cine y actividades de tiempo libre.*

☐☐☐ *Expresar gustos y opiniones.*

9 D

De acá y de allá

FIESTAS DEL MUNDO

1. Lee y escucha a tres estudiantes de español que cuentan cómo son las fiestas de sus respectivos países. **65**

EL DÍA DE LA LUNA

Mi país es China. La fiesta más importante es el Día de la Luna. No tiene fecha fija y depende del calendario chino. Generalmente es un día de septiembre, siempre con luna llena. En este día se reúne toda la familia (abuelos, padres, hijos…) y se preparan muchas comidas. La más importante es un pastel de carne, mermelada y almendra, que tiene forma redonda y simboliza la perfección. El Día de la Luna por la noche las familias se sientan al aire libre y comen y beben mientras observan la luna.

Otra fiesta importante es la de Año Nuevo, que suele celebrarse a primeros o mediados de febrero.

LA FIESTA DE LAS FLORES DE MAYO

Yo soy de un pueblo de Filipinas. En mi pueblo es muy importante la fiesta que se llama Flores de Mayo. En esa ocasión las calles y la iglesia están llenas de flores. El último día de mayo las chicas del pueblo se visten con trajes muy elegantes. Recorren todas las calles del pueblo llevando velas. Cuando terminan el recorrido todos vamos a la iglesia a escuchar la misa.

2. ¿Verdadero o falso?

1. El Día de la Luna se celebra siempre en la misma fecha. ☐
2. Debe ser una noche de luna llena. ☐
3. La Fiesta de las Flores se celebra a primeros de mayo. ☐
4. Chicos y chicas recorren las calles con velas. ☐
5. Aid es Seguer se celebra en el Ramadán. ☐
6. Se preparan comidas durante tres días. ☐

3. ¿Cuál es la fiesta más importante de tu país? ¿Qué se celebra? ¿Cómo se celebra? Escribe un párrafo y luego coméntalo con tus compañeros.

LA FIESTA DE AID ES SEGUER

Después de Ramadán (en el que los musulmanes ayunan durante un mes), empieza la fiesta de Aid es Seguer, que dura tres días. El primer día por la mañana temprano todos van a rezar a la mezquita y allí se encuentran con sus amigos. A mediodía regresan a comer a casa con toda la familia. Hay cordero, pollo y toda clase de comidas ricas. Por la tarde bailan, los hombres por un lado y las mujeres por otro. Todo el mundo lleva ropa nueva y los niños reciben regalos. Es una fiesta muy alegre.

10

Hablar de planes.

A. ¿Qué piensas hacer estas vacaciones?

1. ¿Qué vas a hacer después de este curso? Coméntalo con tus compañeros.

2. Cuatro personas hablan de sus planes para las vacaciones. Escucha y completa la información. **66**

COMUNICACIÓN

> **Hablar de planes**
>
> *¿Qué piensas hacer estas vacaciones?*
> **Voy a ir** *a la playa*
> **Voy a trabajar** *en un hotel.*
> *Yo* **pienso quedarme** *en mi casa, estudiando para los exámenes de septiembre.*

3. En una agenda, rellena con actividades todas las tardes. Utiliza las ideas del recuadro.

compras – tele – deporte – salir – cenar
estudios – gimnasio – trabajo

JUNIO / 2.ª SEMANA	
L	*Ir al gimnasio*
M	
X	
J	
V	
S	
D	

A. María Angulo, 21 años, estudiante de medicina. _____ a un hospital a Panamá.

B. Pablo Hervás, 20 años, estudiante de filología francesa. _____ a la traducción e interpretación. _____ tres meses a París.

C. Rosana, 36 años, enfermera. Yo _____ a tirar la casa por la ventana, _____ a China.

D. Miguel Rodríguez, 34 años, administrativo. Casado y con dos hijos. Del 1 al 15 _____ a la playa. Del 15 al 30 _____ .

4. En parejas, pregúntale los planes a tu compañero y explícale los tuyos.

A. *¿Qué piensas hacer el lunes por la tarde?*
B. *Yo voy a ir al gimnasio, necesito hacer algo de ejercicio. ¿Y tú?*
A. *Yo pienso quedarme a estudiar en casa.*

5. Primero lee el test una vez. Luego hazle las preguntas a tu compañero y anota sus respuestas.

VIAJAR CON USTED, ¿disfrutar o sufrir?

Viajar es convivir. En un viaje, la convivencia está limitada en tiempo y espacio y, por tanto, es más intensa. Viajando podemos conocer mejor a las personas. ¿Cómo es usted cuando viaja? Haga el test y lo sabrá.

1. ¿Le molestan los ruidos para dormir?
2. ¿Se pasa usted horas en el cuarto de baño?
3. ¿Come usted de todo, más o menos?
4. ¿Es usted una persona introvertida?
5. ¿Le molesta mucho que toquen sus cosas?
6. ¿Suele documentarse sobre los lugares que va a visitar?
7. ¿Intenta adaptarse a las circunstancias imprevistas?
8. ¿Es usted una persona discutidora?
9. ¿Viajar con usted significa viajar como usted?
10. ¿Suele ser de esas personas que protestan siempre ante los imprevistos?
11. ¿Adapta su ropa al estilo de viaje y al lugar que visita?
12. ¿Es una persona divertida?
13. ¿Le gusta compartir cosas?
14. ¿Sus conocidos quieren viajar con usted?
15. ¿Se considera usted un/a buen/a compañero/a de viaje?

6. Lee la valoración del test. ¿Cuántos puntos tiene tu compañero?

VOCABULARIO

7. Relaciona cada palabra con su definición.

1. introvertido [a]
2. discutidora ☐
3. convivir (con) ☐
4. protestar (por) ☐
5. compartir (con) ☐
6. adaptarse (a) ☐
7. imprevisto ☐

a. Adjetivo de carácter: concentrado en sí mismo.
b. Adjetivo: que no estaba previsto
c. Vivir (en armonía) dos o más personas.
d. Tener, utilizar o consumir varias personas la misma cosa.
e. Adjetivo de carácter: que discute mucho.
f. Mostrar desacuerdo o descontento.
g. Aceptar una situación no habitual.

8. En grupos de 4. Imagina que os ha tocado la lotería. Planea un viaje largo con tus compañeros.

1. ¿Dónde vais a empezar?
2. ¿En qué época del año vais a viajar?
3. ¿Cómo vais a viajar?
4. ¿Cuántos países y ciudades vais a ver?
5. ¿Cuánto tiempo vais a pasar en cada sitio?
6. ¿Qué actividades vais a realizar?
7. ¿Cuánto dinero necesitaréis?
8. ¿Qué debéis llevar en la maleta?

VALORACIÓN DEL TEST
1. SÍ: 0 NO: 1 / **2.** SÍ: 0 NO: 1 / **3.** SÍ: 1 NO: 0 / **4.** SÍ: 0 NO: 1 / **5.** SÍ: 0 NO: 1 / **6.** SÍ: 1 NO: 0 / **7.** SÍ: 1 NO: 0 / **8.** SÍ: 0 NO: 1 / **9.** SÍ 0 NO: 1 / **10.** SÍ: 0 NO: 1 / **11.** SÍ 1 NO: 0 / **12.** SÍ: 1 NO: 0 / **13.** SÍ: 1 NO: 0 / **14.** SÍ: 1 NO: 0.
De 0 a 4 puntos. Viajar con usted es sufrir. Usted es rígido, intolerante… y no sabe disfrutar. Todo esto se puede mejorar si usted quiere. Si no lo hace, sus conocidos escaparán cuando usted diga: ¿Qué os parece un viaje por…?
De 5 a 10. Viajar con usted no es un tormento ni un placer. Es un buen compañero si los demás son como usted o hay otra persona que es el jefe.
De 11 a 15. Usted es el compañero de viaje ideal. Alegre, extrovertido, con ideas, flexible, se adapta a todo y además, disfruta. Sus conocidos y amigos le buscarán para viajar.

Situar una actividad en el futuro.

B. Cuando tenga tiempo

1. Elige la respuesta correcta.

¿Cuándo vas a llamar a Vanesa?
1. *Cuando tengo tiempo.* ☐
2. *Cuando tenga tiempo.* ☐
3. *Cuando tendré tiempo.* ☐

2. Adriana tiene 16 años y va a ir a pasar un mes con sus primos argentinos que viven en Córdoba. Completa la conversación.

PADRE: Bueno, hija, que _____ un buen viaje.

ADRIANA: Gracias, papá.

MADRE: Cuando llegues a Buenos Aires, _____ por teléfono a los tíos y diles a qué _____ llega tu avión a Córdoba.

PADRE: Y cuando _____ a Córdoba, escríbenos un e-mail.

ADRIANA: Vale, os _____ cuando llegue.

MADRE: No te olvides de darle a cada uno su regalo.

ADRIANA: Claro.

PADRE: Cuando necesites _____ en el _____, habla con la azafata.

ADRIANA: Sí, sí, ahora me voy.

MADRE: Adiós, hija, que te lo _____ muy bien.

3. Escucha y comprueba. 67

GRAMÁTICA

Cuando

- Presente y pasado ⇨ indicativo

  *Cuando **era** pequeña, **vivía** en Cádiz.*
  *Cuando **viaja** siempre **lleva** muchas maletas.*

- Futuro ⇨ subjuntivo

  *Cuando **tenga** tiempo iré a verte.*
  *Cuando **llegues**, llama por teléfono.*
  *Cuando **vuelva**, tengo que enseñar las fotos a Óscar.*

- Preguntas ⇨ indicativo

  *¿Cuándo **vas a ir** / **irás** a Madrid?*

4. Relaciona las dos partes.

1. Cuando conocí a Pedro ☐
2. Cuando veas a Marta ☐
3. Cuando va de viaje ☐
4. Cuando tenga tiempo ☐
5. Cuando volví de mi viaje ☐
6. Cuando termine este curso ☐
7. Cuando vayas a Londres ☐

a. dale recuerdos de mi parte.
b. siempre pierde alguna maleta.
c. era director de la empresa.
d. voy a empezar otro de Informática.
e. te llevaré los papeles a tu casa.
f. llamé a todos mis amigos y les enseñé el vídeo.
g. tráeme un recuerdo.

5. Subraya el verbo adecuado.

1. Cuando *trabajábamos / trabajamos* en la otra empresa, teníamos más tiempo de tomar café.
2. Cuando me *jubilé / jubile* voy a hacer un curso de jardinería.
3. Cuando *llegues / llegas* a la playa, llámanos por teléfono.

4. Cuando *llame* / *llamé* Fernando, dile que estoy enferma.

5. Cuando *tendré* / *tenga* trabajo me compraré un coche.

6. Cuando *vayas* / *vas* a mi ciudad, ven a verme.

7. Cuando *fue* / *va* a París, vio la torre Eiffel.

8. Cuando *estés* / *estarás* mal, llámame.

9. Cuando *terminemos* / *terminamos* este trabajo, nos iremos al cine.

10. ¿Cuándo *vamos* / *vayamos* a comprar ropa para mí, mamá?

HABLAR

6. En parejas. Practica con tu compañero, como en el modelo.

1. Hacer la cena / terminar la película.
   ¿Cuándo vas a hacer la cena?
   Cuando termine la película.

2. Llamar por teléfono a David / salir del trabajo.

3. Limpiar la cocina / tener tiempo.

4. Ir a la playa / hacer más calor.

5. Comprar el periódico / salir de casa.

6. Hacer la redacción de español / decirlo la profesora.

7. Examinarte del carné de conducir / saber bien la teoría.

7. ¿Qué piensa hacer cada uno? Mira los dibujos y completa. Luego, compara tus respuestas con las de tus compañeros.

1. Cuando _____ a casa voy a tumbarme en el sofá.

2. Cuando me jubile _____ .

3. Cuando haga los exámenes _____ .

4. Cuando _____ la carrera _____ .

5. Cuando salga de aquí _____ .

6. Cuando termine el curso _____ .

Explicar y definir.

C. ¿Para qué sirve esto?

1. Relaciona.

1. Un sacacorchos | g | 5. tijeras □
2. Una aspiradora □   6. pegamento □
3. Un monedero □   7. tostadora □
4. Una toalla □

2. Completa.

1. El *sacacorchos* sirve para abrir botellas.
2. Las _____ sirven para cortar papel o cualquier otra cosa.
3. El _____ sirve para pegar.
4. El _____ sirve para llevar las monedas.
5. La _____ sirve para secarse.
6. La _____ sirve para tostar el pan.
7. La _____ sirve para limpiar el polvo.

ESCUCHAR

3. Un juego. Vas a escuchar a un profesor dando definiciones de algunas cosas y tú tienes que adivinar de qué se trata. Escribe la palabra aquí. **68**

1. *la llave*
2.
3.
4.
5.
6.

4. Comprueba con tu compañero.

GRAMÁTICA

Oraciones de relativo

*Es una cosa **que sirve para** abrir las puertas.*
*Es una persona **que trabaja** en un hospital.*
*Es un lugar **donde venden** sellos.*

5. Completa las frases con las expresiones del recuadro.

> ~~una persona~~ – objeto – lugar (x2)
> máquina – verbo

1. Un médico es *una persona* que cura a los enfermos.
2. Un _____ que significa lo contrario de "entrar".
3. Un despertador es un _____ que suena a una hora determinada.
4. El _____ donde la gente espera el autobús se llama parada.
5. Me he comprado una _____ que pica la carne.
6. ¿Cómo se llama el _____ adonde la gente sale a pasear cuando hace buen tiempo?

10
C

HABLAR

6. En parejas. Describe una de estas cosas a tu compañero/a. Él debe adivinar qué es.

7. Completa el crucigrama. ¿Qué profesión aparece en sentido vertical?

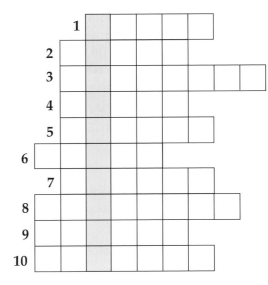

1. Lugar adonde la gente va en verano, de vacaciones.
2. Objeto que sirve para peinarse.
3. La persona que enseña.
4. Número que va después del cuatro.
5. El verbo que significa lo contrario de "ir".
6. Pronombre que significa "ninguna persona".
7. Verbo, actividad que significa ir de un sitio a otro por placer, por trabajo.

8. Lugar adonde va la gente cuando está muy enfermo.
9. Deporte mundial.
10. Expresión que se dice cuando se recibe un regalo.

PRONUNCIACIÓN Y ORTOGRAFÍA

La **z**, **c**, **s**, **cc**.

1. Escucha y repite. **69**

/θ/: pozo – cero – azul – ejercicio – cazo.
/kθ/: lección – acción – sección.
/s/: salir – casa – silencio – asunto.

2. Escucha y señala lo que oyes. **70**

1.	casa	caza
2.	poso	pozo
3.	casé	cacé
4.	pescar	pesar
5.	azar	asar
6.	piso	pisto
7.	masa	maza
8.	raza	resta

3. Escucha y completa con *s, z, c, cc.* **71**

1. la pe____era
2. el ca____o
3. la ra____ión
4. la dire____ión
5. A____un____ión
6. la can____ión
7. co____er
8. la ____itua____ión
9. la interse____ión
10. aten____ión
11. pa____ar
12. ele____iones

Autoevaluación

1. Completa con el verbo que aparece entre paréntesis en la forma *ir* + infinitivo.

1. A. Carlos, ¿adónde *vais a ir* de vacaciones este año? (ir)
   B. Pues, en principio, los niños _____ a un campamento, y nosotros a lo mejor _____ un viajecito por Italia. (ir, hacer)
2. Rosa y Juan _____ un niño. (adoptar)
3. A mí me parece que este año Julio no _____ todas las asignaturas, estudia poco. (aprobar)
4. A. ¿Qué _____ ustedes? (tomar)
   B. Yo, una caña.   C. Y yo un zumo.
5. A. Andrés, ¿qué _____ esta tarde? (hacer)
   B. _____ al cine. (ir)
   A. ¡Ah, sí! ¿Qué _____? (ver)
   B. Una de Antonio Banderas.
6. A. ¿Qué le _____ a papá para el día del Padre? (comprar, tú)
   B. No tengo ni idea. ¿Y tú?
   A. Yo _____ una foto y se la _____ enmarcada. (hacer, regalar)

2. Forma frases como las del modelo.

1. terminar esto / llamar a Luis.
   Cuando termine esto, llamaré a Luis.
2. tener dinero / comprar un piso.
   _____
3. tener novio / casarse.
   _____
4. darme vacaciones (ellos) / ir al pueblo.
   _____
5. ir a Barcelona / ir a ver la Sagrada Familia.
   _____
6. ir a Brasil / traer (a ti) un regalo.
   _____
7. ser mayor / dar la vuelta al mundo.
   _____
8. tener tiempo / hacer una tarta.
   _____

3. Tacha la palabra extraña.

1. tren – estación – andén – *vuelo*
2. museo – catedral – playa – monumento
3. escuchar – andar – hablar – entender
4. tostadora – cocinera – cafetera – aspiradora
5. bolígrafo – rotulador – cepillo – lápiz
6. hotel – barco – camping – apartamento
7. frío – viento – verano – calor
8. maleta – abrigo – jersey – botas

4. Lee y completa la postal que escribe Adriana desde Córdoba (Argentina).

> en bote – mejor – Como – Un abrazo
> A veces – ganas – a ver – Ahora – porque
> jersey – pero

Hola, padres, ¿cómo estáis? Yo muy bien, me lo estoy pasando en grande con los primos. Ayer domingo me llevaron (1)_____ el parque Sarmiento y dimos un paseo (2)_____. Luego fuimos a comer a un restaurante. La carne de aquí es riquísima, (3)_____ que la de Madrid. (4)_____ aquí estamos en invierno y hace frío. (5)_____ no he traído mucha ropa, Violeta me presta la suya y es muy divertido (6)_____ las cosas no se llaman igual: aquí la falda se llama pollera y el (7)_____ pulóver y el dinero se llama plata (8)_____ no les entiendo bien, pero normalmente, sí, y me río mucho.
En fin, estoy muy bien, pero también tengo (9)_____ de veros.

(10)_____, Adriana.

😊😐🙁 *Soy capaz de...*

☐☐☐ *Hablar de planes.*

☐☐☐ *Situar una actividad en el futuro.*

☐☐☐ *Definir.*

10 D

De acá y de allá

LA TRANSICIÓN ESPAÑOLA

1. ¿Te interesa la Historia? ¿Sabes en qué año terminó la Guerra Civil española? ¿Cómo se llama el Rey de España? ¿Quién es el presidente del Gobierno actual?

HISTORIA DE LA TRANSICIÓN

SE LLAMA TRANSICIÓN democrática al período de la historia de España (1975-1982) en que se pasó del sistema franquista a un sistema democrático.

Cuando Francisco Franco murió (20 de noviembre de 1975), el príncipe Juan Carlos fue proclamado Rey de España.

Juan Carlos nombró presidente primero a Arias Navarro y luego a Adolfo Suárez, que preparó el camino a las primeras elecciones democráticas después de casi 40 años de dictadura.

Las elecciones se celebraron el 15 de junio de 1977 y las ganó el partido de Adolfo Suárez, la UCD (Unión de Centro Democrático).

El 6 de diciembre de 1978 fue aprobada en referéndum la nueva Constitución española. En esta etapa también se aprobaron los estatutos de autonomía para Cataluña y el País Vasco.

El 23 de febrero de 1981, mientras se votaba en el Palacio de las Cortes al sucesor de Adolfo Suárez, un grupo de guardias civiles intentaron dar un golpe de Estado que fracasó.

En las siguientes elecciones, celebradas en octubre de 1982, ganó el PSOE (Partido Socialista Obrero Español), dirigido por Felipe González. En segundo lugar quedó AP (Alianza Popular, actual Partido Popular).

Con la formación del gobierno socialista se considera terminada la Transición española.

2. Lee otra vez y completa la tabla.

20 de noviembre de 1975: *murió Franco.*

15 de junio de 1977: _____

6 de diciembre de 1978: _____

23 de febrero de 1981: _____

28 de octubre de 1982: _____

Actividades en pareja
Estudiante A

1. HÁBITOS (U.1 B)

A. Pregunta a tu compañero.

¿A qué hora te levantas?

> **¿A qué hora...**
> levantarse? – comer? – acostarse?
> empezar las clases / el trabajo?

> **¿Cuándo...**
> ver la tele? – leer el periódico?
> estudiar español?

> **¿Con qué frecuencia...**
> comprar ropa? – ir al teatro?
> tomar vino? – hacer deporte?

B. Responde las preguntas que te hace tu compañero. Puedes decirle: ¿y tú?

2. ¿DÓNDE NACISTE? (U. 2 B)

A. Imagina que tú eres el famoso cantante Enrique Iglesias. Un periodista te va a hacer una entrevista. Con los datos que siguen, contesta las preguntas del periodista.

> ## Enrique Iglesias
>
> - Nacido el 8-05-1975 en Madrid.
> - Se trasladó a Miami a los 7 años.
> - Primer disco en 1995.
> - Recibió un Premio Grammy en 1996.
> - Hizo su primera gira mundial en 1997.
> - Grabó *Escape* en 2001, con un estilo menos latino.
> - Ha vendido más de 30 millones de discos en todo el mundo.

B. Ahora tú eres periodista y vas a entrevistar a la famosa cantante Luz Casal. Aquí hay algunas preguntas para ayudarte.

¿Cuándo naciste?
¿Dónde naciste?
¿Qué estudiaste?
¿Con quién empezaste a cantar?
¿Cuándo grabaste tu primer disco?
¿Cuál es tu disco más famoso?
¿Cómo se llama tu último disco?

3. ¿QUÉ HAS HECHO? (U. 3 B)

A. Pregunta a tu compañero si ya ha hecho las siguientes tareas, las que no están señaladas. Tú ya has hecho las señaladas con una X.

¿Has comprado ya el pan?

Comprar el pan	
Planchar las camisas	X
Poner la lavadora	X
Regar las plantas	
Fregar los platos	
Ir al banco	X
Llamar por teléfono a Luis	
Comprar el periódico	
Abrir el correo	X
Comprar las entradas para el fútbol	X

B. Responde a tu compañero.

Sí, ya las he planchado.

4. ¿TE GUSTARÍA... (U. 4 A)

A. Pregunta a tu compañero.

¿Te gustaría cambiar de casa?
¿Por qué? / ¿Por qué no?

> **¿Te gustaría...**
> ✓ ...cambiar de casa?
> ✓ ...casarte?
> ✓ ...aprender otro idioma?
> ✓ ...comprar un coche?
> ✓ ...ser muy rico/a?
> ✓ ...ser un actor/actriz famoso?
> ✓ ...vivir en otro pueblo/ciudad?
> ✓ ...cambiar de trabajo?
> ✓ ...jubilarte?

B. Responde a tu compañero.

Sí, porque me gustan los niños.

5. ANTES Y AHORA (U. 5 A)

A. Muévete por la clase y pregunta a los compañeros.

¿El año pasado tenías el pelo largo?

> **Encuentra a alguien que...**
> ✓ ...el año pasado (tener) el pelo largo.
> ✓ ...cuando (ser) niño (tener) perro o gato.
> ✓ ...(jugar) al fútbol o baloncesto.
> ✓ ...(comer) en el colegio todos los días.
> ✓ ...antes (fumar), pero ahora no.
> ✓ ...(escribir) poesías cuando (ser) adolescente.
> ✓ ...(salir) con los amigos los fines de semana.
> ✓ ...(gustar) la música clásica cuando (ser) adolescente.

6. COCINA FÁCIL (U. 6 C)

A. Dicta a tu compañero tu parte de receta. Escucha y escribe lo que te dicta él.

GAZPACHO ANDALUZ

INGREDIENTES
- _____.
- Medio pepino.
- Miga de pan _____.
- _____.
- _____ aceite de oliva.
- _____.
- Agua fría.

ELABORACIÓN

Se ponen _____ en la batidora _____ todo muy bien, _____.

Se pone _____ y se guarda _____. Al servirlo, _____ _____ fría al gusto. También se añaden _____ picadas.

7. POEMA (U. 7)

A. Dicta a tu compañero la parte del poema que tienes y escribe lo que te dicta él.

A los cincuenta años, hoy, _____ .
_____un yate
y muchos más _____
y hay muchos que también _____ .
_____
a mis cincuenta años justos, _____
(...)
_____ de mi hermoso país,
con una pipa curva _____ ,
un cuadernillo de hojas blancas _____

_____ por los bosques urbanos,
por los caminos ruinosos y _____
_____ junto a un río
a ver cómo se acuesta la tarde _____
se le pierden al agua _____ .

_____ mi bicicleta
y alegre y plateada _____ .
_____ en sus ruedas veloces,
de cada uno de sus radios _____
y entonces es _____ ,
_____ , largo de llamas blancas,
_____ que embistiera los azules del día.

¿Qué nombre le pondría, hoy, _____ ,
después que me ha traído,
_____ sin decírmelo apenas
_____ de bambúes y sauces
y la miro dormida, _____ ,
sobre un tronco caído?

(…)   Rafael Alberti, "Baladas de la bicicleta con alas",
Baladas y canciones del Paraná

9. A MÍ TAMBIÉN (U. 9 C)

A. Escribe en un papel.

- Una comida que te gusta mucho.
- Una película que has visto últimamente.
- Un lugar donde no has estado nunca.
- Un lugar que te gustaría ver.
- Algo que no te gustaría hacer este fin de semana.
- Una cosa que te molesta.
- Algo que no te gusta hacer.
- Alguien famoso que no te cae bien.
- Algo que te preocupa.

B. Díselo a tu compañero.

A mí me gusta mucho la paella, ¿y a ti?

C. Escucha a tu compañero y responde:

A mí también. / A mí no. / A mí tampoco. / A mí sí.
Yo también. / Yo no. / Yo tampoco. / Yo sí.

10. CUANDO TENGA TIEMPO (U. 10 B)

A. Pregunta a _B_ cuándo va a hacer estas cosas.
Escribe sus respuestas.

> ¿Cuándo vas a…
> hacer la traducción? – dejar de fumar?
> hacer la comida? – aprender a conducir?
> llamar a tus padres? – jubilarte?

B. Responde a las preguntas de _B_ con ideas del
recuadro. Escribe las respuestas.

> (terminar) este trabajo
> (encontrar) a la persona adecuada
> (llamar) me de la empresa
> (tener) dinero, ahora no tengo ni un euro
> mi jefe (estar) de buen humor
> (encontrar) su número de teléfono

Actividades en pareja
Estudiante B

1. HÁBITOS (U.1 B)

A. Responde a tu compañero.

B. Pregunta a tu compañero.

¿A qué hora te levantas?

> ¿A qué hora...
> levantarse? – cenar? – acostarse?
> salir de clase / del trabajo?

> ¿Cuándo...
> salir con los amigos? – escuchar música?
> estudiar español?

> ¿Con qué frecuencia...
> comprar novelas? – ir al cine?
> comer chocolate?

2. ¿DÓNDE NACISTE? (U. 2 B)

A. Imagina que eres un periodista y vas a entrevistar al famoso cantante Enrique Iglesias. Aquí tienes algunas preguntas.

¿Dónde naciste?
¿Cuándo naciste?
¿Adónde te trasladaste a vivir?
¿Cuándo grabaste el primer disco?
¿Cuál es el premio más importante que has recibido?
¿Cómo se llama tu disco más famoso?
¿Cuántos discos has vendido en todo el mundo?

B. Ahora imagina que tú eres la cantante Luz Casal y un periodista te va a entrevistar. Contesta las preguntas con la información que sigue.

Luz Casal

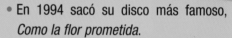

- Nació en Galicia el 11-11-1958.
- Estudió piano y bel canto.
- Empezó a acompañar en sus giras a Juan Pardo.
- Grabó su primer disco en 1980.
- En 1994 sacó su disco más famoso, *Como la flor prometida*.
- En 2002, grabó *Con otra mirada*, su último disco, de momento.

3. ¿QUÉ HAS HECHO? (U. 3 B)

A. Responde a tu compañero.

Sí, ya lo he comprado.

B. Pregunta a tu compañero si ha hecho las siguientes tareas, las que no están señaladas. Tú has hecho las que están señaladas con V.

¿Has planchado las camisas?

Comprar el pan	V
Planchar las camisas	
Poner la lavadora	
Regar las plantas	V
Fregar los platos	V
Ir al banco	
Llamar por teléfono a Luis	V
Comprar el periódico	V
Abrir el correo	
Comprar las entradas para el fútbol	

4. ¿TE GUSTARÍA... (U. 4 A)

A. Responde a tu compañero.

Sí, porque la mía es muy pequeña.

B. Pregunta a tu compañero.

¿Te gustaría casarte?
¿Por qué? / ¿Por qué no?

¿Te gustaría...
- ✓ ...tener hijos?
- ✓ ...aprender otro idioma?
- ✓ ...viajar por todo el mundo?
- ✓ ...cambiar de marido/mujer?
- ✓ ...ser muy rico/a?
- ✓ ...ser un deportista famoso?
- ✓ ...irte a una isla desierta?
- ✓ ...comprar una moto?
- ✓ ...escribir un libro?

---

5. ANTES Y AHORA (U. 5 A)

A. Muévete por la clase y pregunta a los compañeros.

¿El año pasado tenías el pelo largo?

Encuentra a alguien que...
- ✓ ...el año pasado (tener) el pelo largo.
- ✓ ...cuando (ser) niño (tener) perro o gato.
- ✓ ...(jugar) al fútbol o baloncesto.
- ✓ ...(comer) en el colegio todos los días.
- ✓ ...antes (fumar), pero ahora no.
- ✓ ...(escribir) poesías cuando (ser) adolescente.
- ✓ ...(salir) con los amigos los fines de semana.
- ✓ ...(gustar) la música clásica cuando (ser) adolescente.

---

6. COCINA FÁCIL (U. 6 C)

A. Escucha a tu compañero y escribe lo que te dicta. Díctale a él tu parte.

GAZPACHO ANDALUZ

INGREDIENTES
- 1 kg de tomates maduros.
- _____ .
- _____ remojada en agua.
- Sal.
- 6 cucharadas de _____ .
- 2 cucharadas de vinagre.
- _____ .

ELABORACIÓN

_____ todos los ingredientes _____ y se bate _____ , como para una sopa. _____ en una sopera _____ en el frigorífico. _____ , se añade el agua _____ . _____ trocitos de verduras _____ .

---

7. POEMA (U. 7)

A. Escribe lo que te dicta tu compañero y díctale tu parte.

_____ , _____ , tengo una bicicleta.

Muchos tienen _____

_____ un automóvil

_____ tienen ya un avión.

Pero yo

_____ , tengo sólo una bicicleta.

(...)

Y a miles de kilómetros _____ ,

_____ entre los labios,

_____ y un lápiz

corro en mi bicicleta _____,

_____ calles asfaltadas

y me detengo siempre _____

_____ y con la noche

_____ las primeras estrellas.

Es morada _____

_____ como cualquiera otra.

Mas cuando gira el sol _____,

_____ llueven chispas

_____ como un antílope,

como un macho cabrío, _____,

o un novillo de fuego _____.

¿_____, _____, en esta mañana,

_____,

que me ha dejado _____

al pie de estas orillas _____

_____, abrazada de hierbas dulcemente,

_____?

(...)

Rafael Alberti, "Baladas de la bicicleta con alas",
Baladas y canciones del Paraná

9. A MÍ TAMBIÉN (U. 9 C)

A. Escribe en un papel.

- Un deporte que te gusta mucho.
- Un libro que has leído últimamente.
- Un lugar donde no has estado nunca.
- Algo que te molesta mucho.
- Algo que no te gusta hacer.
- Algo que no sabes hacer.
- Alguien famoso que te cae bien.
- Un programa de la tele que no te gusta nada.
- Algo que te preocupa.

B. Escucha a tu compañero y responde.

A mí también / A mí no. / A mí tampoco / A mí sí.
Yo también / Yo no. / Yo tampoco / Yo sí.

C. Dile a tu compañero qué es lo que te gusta a ti.

A mí me gusta mucho el baloncesto, ¿y a ti?

10. CUANDO TENGA TIEMPO (U. 10 B)

A. Responde a las preguntas de A con las ideas del recuadro.

> (encontrar) mi móvil
> (tener dinero), la autoescuela es cara.
> (terminar) este trabajo – (tener) 65 años
> (tener) hambre – mi médico (decir)melo

B. Pregunta a A cuándo va a hacer estas cosas. Escribe las respuestas.

> ¿Cuándo vas a...
> casarte? – regar las plantas?
> pedir a tu jefe más vacaciones?
> llamar a Ángel y Susi?
> empezar a trabajar?
> comprarte otros pantalones?

Referencia gramatical y léxico útil

UNIDAD 1

GRAMÁTICA

1. Verbo *gustar*.

▸ El verbo *gustar* se utiliza con los pronombres *me, te, le, nos, os, les*.

A mí	**me**		
A ti	**te**	**gusta**	el helado
A él/ella/Vd.	**le**		leer
A nosotros/as	**nos**	**gustan**	las plantas
A vosotros/as	**os**		
A ellos/ellas/Vdes.	**les**		

▸ Hay otros verbos que funcionan como *gustar*.

- Pasar algo a alguien.
  ¿Qué le pasa a Manuel?

- Quedar bien / mal algo a alguien.
  A Julia no le queda mal la camiseta.

- Encantar.
  A los niños les encantan los helados.

- Parecer.
  A nosotros no nos parece mal el plan.
  A él le parece que el niño tiene fiebre.

2. Verbos con pronombres reflexivos.

▸ Son los verbos que funcionan con los pronombres *me, te, se, nos, os, se*.

Duchar(se)		
yo	**me**	ducho
tú	**te**	duchas
él/ella/Vd.	**se**	ducha
nosotros/as	**nos**	duchamos
vosotros/as	**os**	ducháis
ellos/ellas/Vdes.	**se**	duchan

El domingo se casó mi hermano.

▸ Otros verbos.

Levantarse, divorciarse, peinarse, encontrarse bien/mal, ponerse (ropa), bañarse, llamarse, llevarse.

Pretérito indefinido

Regulares

	Trabajar	Comer	Salir
yo	trabaj**é**	com**í**	sal**í**
tú	trabaj**aste**	com**iste**	sal**iste**
él/ella/Vd.	trabaj**ó**	com**ió**	sal**ió**
nosotros/as	trabaj**amos**	com**imos**	sal**imos**
vosotros/as	trabaj**asteis**	com**isteis**	sal**isteis**
ellos/ellas/Vdes.	trabaj**aron**	com**ieron**	sal**ieron**

Irregulares

Dar: di, diste, dio, dimos, disteis, dieron.

El pretérito indefinido se utiliza para hablar de acciones pasadas y acabadas en un momento determinado.

Estuvimos en casa de Pepe hasta las 7.
Julián vivió mucho tiempo en Francia.

Se utiliza con marcadores temporales como *ayer, el año pasado, la semana pasada, en abril, el 3 de marzo de 1985.*

El verano pasado estuvimos en la playa.
En 2001 fuimos a Turquía.

LÉXICO ÚTIL

Actividades cotidianas

> despertarse – levantarse – desayunar
> ducharse – afeitarse – hacer la comida
> hacer la compra – entrar – volver – cenar
> acostarse – dormir – salir

UNIDAD 2

1. Pronombres interrogativos.

Invariables

- **Qué** + verbo / nombre
  ¿Qué quieres: un libro o un disco?
  ¿Qué libro quieres

- **Dónde** + verbo
  ¿Dónde estuviste ayer?

- **Cuándo** + verbo
  ¿Cuándo llega tu hermano?

- **Cómo** + verbo
  ¿Cómo están tus padres?

Variables

- **Quién / quiénes** + verbo
  ¿Quién te llamó ayer?
  ¿Quiénes vinieron a tu fiesta?

- **Cuál / cuáles** + verbo
  ¿Cuál te gusta más: el rojo o el verde?
  ¿Cuáles son los más caros?

- **Cuánto / -a / -os / -as** + verbo / nombre
  ¿Cuántos años tienes?
  ¿Cuántas horas trabajas?
  ¿Cuánto cuesta esto?

2. Pretérito indefinido.

El pretérito indefinido se usa cuando queremos expresar una acción pasada, acabada y puntual en un momento determinado del pasado. Se utiliza especialmente en las biografías.

Carmen nació en 1956.

También se usa para hablar de periodos de tiempo cerrados o acabados.

Durante los años 80 se dedicó a la enseñanza.

3. Números.

De 1 a 30 tenemos una sola palabra.

Hay veinticinco alumnos en la clase.

Las centenas tienen forma masculina y femenina.

Este abrigo cuesta doscientos euros.
Tiene una finca de trescientas hectáreas.

> 100 cien.
> 125 ciento veinticinco.
> 1.975 mil novecientos setenta y cinco.
> 20.359 veinte mil trescientos/as cincuenta y nueve.
> 137.460 ciento treinta y siete mil cuatrocientos/as sesenta.
> 2.000.000 dos millones.
> 25% veinticinco por ciento.

4. Fechas.

2/01/1976 dos de enero de mil novecientos setenta y seis.
15/08/05   quince de agosto de dos mil cinco.

LÉXICO ÚTIL

Verbos para biografías

> nacer – estudiar – empezar a… – trabajar
> actuar – conocer – casarse – tener hijos
> trasladarse – divorciarse
> ganar/recibir (premios) – morirse

UNIDAD 3

1. Verbo *ser*.

▶ Con el verbo *ser* expresamos cualidades o características de las personas y las cosas. Se utiliza para hablar del carácter.

Mi primo es muy inteligente y simpático.

▶ También se utiliza para hablar de la nacionalidad y la profesión.

El es médico y ella es profesora de música.

2. Verbo *estar*.

▶ El verbo *estar* se usa para expresar estados de salud y anímicos.

Mi jefe está enfadado conmigo y no sé por qué.

3. *Ser / estar*.

▶ Con muchos adjetivos (*nervioso, tranquilo, cariñoso, simpático, amable, pesado, guapo*) se pueden utilizar tanto *ser* como *estar*. Con *ser* se define al sujeto, con *estar* se habla de un estado temporal.

Este profesor es muy pesado.
Hoy los niños están muy pesados, no sé qué les pasa.

4. Pretérito perfecto.

yo	he
tú	has
él/ella/Vd.	ha
nosotros/as	hemos + participio
vosotros/as	habéis
ellos/ellas/Vdes.	han

Participios regulares

Viajar	Tener	Salir
viaj**ado**	ten**ido**	sal**ido**

Participios irregulares

Ver	visto
Hacer	hecho
Decir	dicho
Escribir	escrito
Morir	muerto
Poner	puesto
Abrir	abierto
Volver	vuelto
Romper	roto

▶ El pretérito perfecto, que también se llama pretérito perfecto compuesto, se utiliza para hablar de una acción acabada en un pasado reciente o muy reciente. Se usa con marcadores temporales como *hoy, esta mañana, este verano, hace un rato, últimamente…*

Esta mañana no he ido a trabajar.

▶ También se usa para preguntar e informar sobre experiencias personales.

¿Has estado alguna vez en España?
Luisa se ha casado tres veces (= a lo largo de toda su vida).
Roberto Gómez es famoso porque ha escrito muchos libros.

4. *Hay que* + infinitivo.

▶ Es invariable y sirve para expresar obligaciones generales.

Para aprobar hay que estudiar.

5. *(No) Se puede* + infinitivo.

▶ Indica permiso y prohibición.

No se puede entrar, está cerrado.

LÉXICO ÚTIL

Adjetivos de carácter y estados de ánimo

> amable – grosero – cariñoso – egoísta
> tranquilo – nervioso – divertido – aburrido
> alegre – contento – simpático – antipático

Familia

> marido – mujer – madre – padre
> hijo/a – hermano/a – sobrino/a – primo/a
> abuelo/a – cuñado/a – nieto/a
> suegro/a – novio/a

UNIDAD 4

1. *Me gustaría* + infinitivo.

▶ Para expresar deseos, tanto probables como poco probables, usamos la forma (*me, te, le…*) *gustaría* + infinitivo.

(A mí) *Me gustaría vivir en el campo.*
¿Te gustaría ir al concierto del sábado?
A Lucía le gustaría cambiar de trabajo.
A nosotros nos gustaría comprar un apartamento en la playa.
¿Os gustaría ver otra vez "El señor de los anillos"?
A mis amigos les encantaría tener tres o cuatro hijos.

2. Futuro imperfecto.

▶ La forma del futuro imperfecto es igual para las tres conjugaciones (**-ar**, **-er**, **-ir**).

Estudiar	
yo	estudi**aré**
tú	estudi**arás**
él/ella/Vd.	estudi**ará**
nosotros/as	estudi**aremos**
vosotros/as	estudi**aréis**
ellos/ellas/Vdes.	estudi**arán**

▶ Irregulares más frecuentes.

> **Decir:** diré, dirás, dirá, diremos, diréis, dirán
> **Haber:** habré, habrás, habrá, habremos, habréis, habrán
> **Hacer:** haré, harás, hará, haremos, haréis, harán
> **Tener:** tendré, tendrás, tendrá, tendremos, tendréis, tendrán
> **Poder:** podré, podrás, podrá, podremos, podréis, podrán
> **Poner:** pondré, pondrás, pondrá, pondremos, pondréis, pondrán
> **Salir:** saldré, saldrás, saldrá, saldremos, saldréis, saldrán

▶ Usamos el futuro para hablar de eventos futuros en general, con marcadores como *mañana, el año próximo, la semana próxima, dentro de tres años,* etc.

*El año que viene **habrá** elecciones otra vez.*

▶ Se usa para hacer predicciones.

*Dentro de unos años todo el mundo **tendrá** Internet.*

▶ Para hacer promesas.

*El domingo **te llevaré** al cine.*

▶ Se utiliza frecuentemente en las oraciones condicionales.

*Si salgo pronto del trabajo, **iré** a verte.*

▶ Marcadores temporales de futuro.

	luego / más tarde.
Iré a verte	*el mes próximo / que viene.*
	la semana que viene.
	dentro de un mes / un año.

3. Condicionales.

▶ Para hablar de condiciones probables usamos *si + presente*.

*Si **tenemos** dinero, compraremos el coche.*
*Si **te gusta** viajar, ven con nosotros.*
*Si **podemos**, salimos a dar una vuelta.*

Pronombres de objeto directo e indirecto

Sujeto	Objeto directo	Objeto indirecto
yo	me	me
tú	te	te
él	lo (le)	le (se)
ella	la	le (se)
nosotros/as	nos	nos
vosotros/as	os	os
ellos	los	les (se)
ellas	las	les (se)

Yo he dado un regalo a María
Sujeto   O.D.   O.I.

¿Le has dado el regalo a María?
O.I.   O.D.   O.I.

Sí, ya ~~le~~ lo he dado.
     se

▶ El pronombre de objeto directo suele ir antes del verbo.

*¿Dónde están mis gafas? No **las** veo.*

▶ Si tenemos dos pronombres complemento, primero va el objeto indirecto y luego el objeto directo. El objeto indirecto se convierte en **se**.

*¿Tus gafas? **Se las** he dado a Pedro.*

▶ Con frecuencia el objeto indirecto aparece en forma de pronombre y en forma de nombre.

¿Le has dado a Pedro mis gafas?
O. I.   O. I.

¿**Le** has devuelto las llaves del coche **a Olga**?

Sí, **se las** di ayer.

LÉXICO ÚTIL

Habitaciones y muebles

Salón-comedor: mesa – librería – sillón silla – sofá

Dormitorio: cama – alfombra – armario mesita de noche

Cuarto de baño: lavabo – ducha – bañera espejo – váter

Cocina: frigorífico – cocina – horno lavadora

UNIDAD 5

1. Pretérito imperfecto

Pretérito imperfecto

Estudiar	Tener	Salir
estud**iaba**	ten**ía**	sal**ía**
estud**iabas**	ten**ías**	sal**ías**
estud**iaba**	ten**ía**	sal**ía**
estud**iábamos**	ten**íamos**	sal**íamos**
estud**iabais**	ten**íais**	sal**íais**
estud**iaban**	ten**ían**	sal**ían**

▶ El pretérito imperfecto, en general expresa acciones pasadas no acabadas. Se utiliza para hacer descripciones del pasado.

*Antes en mi ciudad **había** menos coches que ahora.*

▶ También se utiliza para expresar hábitos en el pasado.

*Hace años Joaquín **cantaba** en un coro.*

2. Pretérito imperfecto / pretérito indefinido.

▶ Cuando los dos verbos aparecen en la misma frase (o texto), con el pretérito indefinido se expresa la acción principal y con el pretérito imperfecto se expresan las circunstancias (o causas) donde se da la acción principal.

*Cuando **venía** del trabajo me **encontré** con Roberto.*
*Roberto **se fue** de su casa porque **se llevaba** mal con su padre.*

3. Comparativos.

• De los adjetivos

Más / menos / tan + adjetivo + que / como
*Mi casa es **más antigua que** la tuya.*
*La cocina es **menos luminosa que** el salón.*
*Tu hijo está **tan alto como** el mío.*

• De los sustantivos

Verbo + más / menos + sustantivo + que
Verbo + tanto / a / os / as + sustantivo + como
*Ellos tienen **más tiempo libre que** nosotros.*
*La niña come **más fruta que** el niño.*
*Nadie tiene **tanta paciencia como** él.*
*No tengo **tanto trabajo como** tú.*

• Comparativos y superlativos irregulares

Más bueno / bien	*(el) mejor*
Más malo / mal	*(el) peor*
Más grande / viejo	*(el) mayor*
Más pequeño / joven	*(el) menor*

• **Mayor** y **menor** se utilizan especialmente para hablar de la edad, no del tamaño.

*Ignacio es **mayor** que Pablo.*

3. Superlativos.

Relativo

El / la / los / las + más / menos + adjetivo + de / que
*Marina es **la más joven de** las hermanas.*
*Es **el hombre más simpático que** conozco.*

Absoluto

a. Muy + adjetivo.
b. Raíz del adjetivo + -*ísimo*.
*Nuria es **muy simpática** y su marido es **educadísimo**.*

rico	⇨ *riquísimo*	*cerca* ⇨	*cerquísima*
amable ⇨	*amabilísimo*	*lejos* ⇨	*lejísimos*

LÉXICO ÚTIL

Expresiones de lugar

> delante de – enfrente de – en la esquina
> en el cruce – detrás de – al lado de
> a la derecha de – a la izquierda de
> cerca de – lejos de

Medios de transporte

> autobús – bicicleta – autocar
> metro – moto – taxi – tren – avión
> barco – andando

UNIDAD 6

1. Indefinidos.

Invariables

- Para personas: *alguien, nadie.*
  ¿Ha llamado alguien?
  No, esta mañana no ha llamado nadie.

- Para cosas: *algo, nada.*
  ¿Quiere usted tomar algo?
  No, gracias, no me apetece nada.

Variables

- Para personas y cosas:
  algún / alguno / -a / -os / -as
  ningún / ninguno / -a

¿Tienes alguna revista de coches?

No, no tengo ninguna.

Algún(o) y *ningún(o)* pierden la *-o* delante de un nombre masculino singular.

A. *¿Te queda algún bocadillo de jamón?*

B. *No, de jamón no tengo ninguno.*

No queda ningún sitio libre.

2. Expresión de la impersonalidad

▶ Se utiliza la forma impersonal pasiva cuando no se conoce el sujeto o no es importante.

▶ Se usa para hablar de hechos generales.

En España se cena a las diez de la noche.

▶ Y también se usa muy frecuentemente en instrucciones de todo tipo, para recetas, instrucciones de empleo de aparatos, etc.

Para utilizar este aparato, primero se enchufa a la red eléctrica y luego se aprieta el botón verde.

▶ El verbo tiene que concordar con el sujeto (pasivo) en plural.

Antes de nada, se limpian los calamares y se trocean.

LÉXICO ÚTIL

Ingredientes de cocina básica

cebolla · tomate · pimiento

azafrán · ajo

guisantes · mejillones · aceite de oliva

gambas · judías verdes · calamar

Verbos de cocina básica

cocer – picar – freír – trocear – machacar
lavar – añadir – servir – revolver
mezclar – reposar

En el bar / restaurante

camarero/a – aperitivo – tapa – comida
merienda – desayuno – vino – cerveza
refrescos – primer plato – segundo plato
postre – café solo – café con leche
té con limón – tostadas – churros
chocolate – cuenta

UNIDAD 7

1. Imperativo afirmativo y negativo.

▶ Se usa el imperativo para dar órdenes e instrucciones.

Antes de tomar el sol, póngase crema protectora.

► Pedir un favor.

*Rosa, **compra** tú el pan, yo no puedo.*

► Se usa también en la publicidad.

*No lo dude, **compre** aquí.*

Forma de los imperativos regulares: ver tabla de verbos, página 109.

► Los imperativos irregulares tienen la misma irregularidad que los presentes irregulares.

Infinitivo	Presente	Imperativo
Dormir	d**ue**rmo	d**ue**rme (tú), d**ue**rma (Vd.) no d**ue**rmas…
Salir	salgo	sal (tú), salga (Vd.) no salgas tú…
Poner	pongo	pon (tú), ponga (Vd.) no pongas…

► Imperativo + pronombres.

  • Imperativo afirmativo. Los pronombres personales van después del verbo y junto a él.
  *¡Rafa, **siéntate**!*
  *Nuria, ¿dónde están los caramelos? ¡**dámelos**!*

  • Imperativo negativo. Los pronombres van delante del verbo.
  *Lucía, **no te sientes** ahí.*
  *Roberto, ahora no puedo ver tu cuaderno, **no me lo des**.*

David, **bájate** de la silla; Laura, **no le pegues** a Iván. Mohammed, **no pintes** en la pared; Li, **siéntate**.

2. *Estar* + adjetivo.

► Se usa el verbo *estar* siempre con algunos adjetivos que significan estados de ánimo: *deprimido, enfermo, harto, enfadado, enamorado, preocupado.*

  *Creo que la profesora **está enfadada** con nosotros por algo.*

► Con muchos otros adjetivos podemos usar *ser* para indicar una valoración del sujeto o *estar* para hablar de algo temporal.

  *Manu **es** guapo, ¿verdad?*
  *Manu hoy **está** más guapo que ayer.*

► Otras veces el uso de *ser* o *estar* cambia por completo el significado.

  *Manu **es listo**, ¿no te parece?* (= inteligente)
  *Manu, ¿**estás listo** para salir?* (= preparado)

3. *Espero que* + subjuntivo.

► Se usa el subjuntivo en oraciones subordinadas dependientes de verbos de deseo como *quiero, espero, deseo, necesito.*

  *(Yo) **espero** que (tú) **descanses** bien.*

► Si el sujeto del verbo principal (*espero*) y el del verbo subordinado (*descansar*) es el mismo, entonces usamos el infinitivo.

  *(Yo) **espero descansar** bien esta noche.*

► Se utiliza en fórmulas de cortesía para expresar buenos deseos. En este caso no aparece el verbo principal (*deseo*).

  *(Deseo) ¡**Que tengas** buen viaje!*
  *¡**Que seáis** felices!*

► Forma del presente de subjuntivo.

Trabajar	Comer	Vivir
trabaj**e**	com**a**	viv**a**
trabaj**es**	com**as**	viv**as**
trabaj**e**	com**a**	viv**a**
trabaj**emos**	com**amos**	viv**amos**
trabaj**éis**	com**áis**	viv**áis**
trabaj**en**	com**an**	viv**an**

▶ Las irregularidades del presente de subjuntivo son las mismas que las del presente de indicativo. Algunas formas son también las del imperativo.

Infinitivo	Presente indic.	Presente subj.
Tener	tengo	teng**a**, teng**as**, teng**a**, teng**amos**, teng**áis**, teng**an**.
Poder	puedo	pued**a**, pued**as**, pued**a**, pod**amos**, pod**áis**, pued**an**.
Poner	pongo	pong**a**, pong**as**, pong**a**, pong**amos**, pong**áis**, pong**an**.

LÉXICO ÚTIL

Estados de ánimo

enamorado – contento – preocupado
harto – animado – deprimido – enfadado
cansado – enfermo – de buen / mal humor

Estado de las cosas

lleno – vacío – sucio – limpio – abierto
cerrado – reservado – roto – viejo – libre
caliente – frío – ocupado – desordenado

¿Por qué no te tomas el café?

Es que está muy caliente.

UNIDAD 8

1. *Estaba* + gerundio.

▶ La forma *estaba* + gerundio describe una acción en desarrollo en el pasado.

Ayer a las cuatro de la tarde todavía estaba comiendo.

▶ Se utiliza junto al pretérito indefinido cuando una acción puntual interrumpe la acción en desarrollo.

Cuando estábamos comiendo, sonó el teléfono.

Estar (imperfecto) + gerundio		
yo	estaba	
tú	estabas	
él/ella/Vd.	estaba	comiendo
nosotros/as	estábamos	
vosotros/as	estabais	
ellos/ellas/Vdes.	estaban	

2. Pretérito pluscuamperfecto.

▶ Se forma con el pretérito imperfecto del verbo *haber* y un participio.

Haber (imperfecto) + participio		
yo	había	
tú	habías	
él/ella/Vd.	había	comprado
nosotros/as	habíamos	
vosotros/as	habíais	
ellos/as/Vdes.	habían	

▶ El pretérito pluscuamperfecto se utiliza para expresar acciones pasadas que son anteriores a otras.

Cuando llegué a casa, mi hermana ya había salido.
Ayer le di el anillo que había comprado en París el verano pasado.

▶ También se utiliza en el estilo indirecto.

Me dijo que se había divorciado de Ana.

3. Estilo indirecto.

▶ Utilizamos el estilo indirecto para informar de lo que otra persona ha dicho, sin citar sus palabras exactas.

Estilo **directo**: (Yo) *Quiero visitar España.*
Estilo **indirecto**: (Él) *Dijo que quería visitar España.*

▶ Al repetir la información hay que cambiar algunos elementos de la frase como los pronombres y el verbo.

Estilo directo	Estilo indirecto
"...dijo..."	...me dijo que...
Presente	**Indefinido**
"vivo en Cádiz"	...vivía en Cádiz
Indefinido	**Pluscuamperfecto**
"estudié medicina"	...había estudiado medicina
Imperfecto	**Imperfecto**
"antes veía bien"	...antes veía bien
Pretérito perfecto	**Pluscuamperfecto**
"he ganado un premio"	...había ganado un premio
Futuro	**Condicional**
"estaré esperando"	...estaría esperando

4. Preguntas en estilo indirecto.

▸ Se mantienen las mismas reglas que en las oraciones enunciativas.

Juan me preguntó: "¿Te gustó la película?"
Juan me preguntó que si me había gustado la película.

▸ En preguntas con pronombre interrogativo, se mantiene el interrogativo.

"¿Dónde estuviste?"
Me preguntó que dónde había estado.

▸ En preguntas sin interrogativos, utilizamos la conjunción "si".

"¿Has leído El Quijote?"
Me preguntó que si había leído El Quijote.

LÉXICO ÚTIL

Profesiones

> mecánico – profesor/a – periodista
> dependiente/a – conductor/a de autobús
> guía turístico/a – enfermero/a – cocinero/a
> peluquero/a – programador/a – pintor/a

Lugares de trabajo

> hospital – oficina – empresa – colegio
> taller en casa – periódico – restaurante
> peluquería – tienda

Secciones de un periódico

> nacionales – internacionales – locales
> sucesos – anuncios – cartelera – editorial
> economía – deportes – cartas al director

UNIDAD 9

1. *Llevar* + gerundio.

Llevar (presente) + gerundio

yo	llevo	
tú	llevas	
él/ella/Vd.	lleva	+ viviendo
nosotros/as	llevamos	
vosotros/as	lleváis	
ellos/ellas/Vdes.	llevan	

▸ Se utiliza la expresión *llevar* + gerundio para expresar actividades que empezaron en el pasado y continúan en el presente. Normalmente expresamos la duración de la acción.

Llevo estudiando español más de dos años.

▸ Cuando hablamos de *vivir* o *trabajar*, es normal suprimir el gerundio (*viviendo o trabajando*).

A. *¿Cuánto tiempo **llevas** en este hospital?*
B. *Tres meses.*

2. Pretérito indefinido / pretérito perfecto.

▸ En el español peninsular, usamos el pretérito perfecto para hablar de actividades (y estados) acabadas que llegan hasta el presente. Se utiliza con marcadores como *hoy, esta semana, este mes, estas vacaciones, este año, últimamente.*

*Este año **hemos vendido** menos coches que el año pasado.* (en diciembre)
*¡Profesor, ya **he terminado** los ejercicios!* (ahora mismo)

▸ El pretérito indefinido se utiliza para hablar de acciones acabadas en un momento determinado del pasado. Lo usamos con marcadores como *ayer, la semana pasada, el lunes / viernes... pasado, el año pasado, hace dos / ocho meses...*

▶ En la conversación es muy frecuente mezclar ambos tiempos. El pretérito perfecto se utiliza preferentemente en preguntas, cuando el hablante no conoce el contexto temporal, o con uno de los marcadores de pretérito perfecto. El pretérito indefinido se utiliza siempre con un contexto temporal claro, explícito o no.

A. *¿**Has llamado** a tu madre?*
B. *Sí, la **llamé** ayer por la tarde.*
A. *¿Qué **has hecho** estas vacaciones?*
B. *Nada especial. En julio **fui** a la playa con mi familia y en agosto **estuve** aquí, en Barcelona.*

LÉXICO ÚTIL

Adjetivos de opinión

> divertido/a – raro/a – interesante
> aburrido/a – maravilloso/a – horrible
> estúpido/a – desagradable – original
> emocionante – precioso/a – romántico/a

Tipos de películas

> policíaca – comedia – ciencia-ficción
> terror – guerra – acción – oeste – musical

UNIDAD 10

1. *Ir + a +* infinitivo.

▶ Usamos las perífrasis *voy a + infinitivo* o *pienso + infinitivo* para hablar de intenciones y planes.

*Este verano **pienso descansar** mucho.*
*Yo este verano **voy a estudiar** inglés en serio.*

▶ También se utiliza para explicar una acción inmediatamente posterior al momento en que se habla:

*Ya he terminado de planchar, ahora **voy a hacer** la comida.*

2. *Cuando* + subjuntivo.

▶ Se usa el verbo en subjuntivo en las oraciones subordinadas temporales cuando nos referimos al futuro.

A. *¿**Cuándo vas a ir** al médico?* B. *Cuando **salga** del trabajo.*

▶ Si hablamos en pasado o en presente, usamos el verbo correspondiente en indicativo.

*Yo conocí a mi marido **cuando estudiaba** en la Universidad.*
*Luisa siempre me llama por teléfono **cuando sale** de viaje.*

▶ Las oraciones interrogativas con *cuándo* llevan el verbo en indicativo.

A. *¿**Cuándo iremos / vamos** a ir al cine?*
B. *(Iremos al cine) **Cuando pongan** una buena película.*

3. Oraciones de relativo.

▶ Para introducir las oraciones de relativo usamos los pronombres *que* y *donde* principalmente.

- *Que* para personas, animales o cosas.
  (Es un animal. Ese animal tiene el cuello muy largo)
  *Es un animal **que** tiene el cuello muy largo, ¿cómo se llama?*
- *Donde* para lugar.
  *Siempre vamos a un bar **donde** ponen unas tapas muy buenas.*

LÉXICO ÚTIL

Objetos útiles

> grapadora – tostadora – ordenador
> impresora – tijeras – calculadora – cafetera
> aspiradora – sacacorchos – llavero – agenda
> monedero – archivador – pegamento

Verbos regulares e irregulares

VERBOS REGULARES

TRABAJAR

Presente ind.	Pret. indefinido	Pret. imperfecto	Futuro	Pret. perfecto
trabajo	trabajé	trabajaba	trabajaré	he trabajado
trabajas	trabajaste	trabajabas	trabajarás	has trabajado
trabaja	trabajó	trabajaba	trabajará	ha trabajado
trabajamos	trabajamos	trabajábamos	trabajaremos	hemos trabajado
trabajáis	trabajasteis	trabajabais	trabajaréis	habéis trabajado
trabajan	trabajaron	trabajaban	trabajarán	han trabajado

Pret. pluscuamperfecto	Imperativo afirmativo/negativo	Presente de subjuntivo
había trabajado	trabaja / no trabajes (tú)	trabaje
habías trabajado	trabaje / no trabaje (Vd.)	trabajes
había trabajado	trabajad / no trabajéis (vosotros)	trabaje
habíamos trabajado	trabajen / no trabajen (Vdes.)	trabajemos
habíais trabajado		trabajéis
habían trabajado		trabajen

COMER

Presente ind.	Pret. indefinido	Pret. imperfecto	Futuro	Pret. perfecto
como	comí	comía	comeré	he comido
comes	comiste	comías	comerás	has comido
come	comió	comía	comerá	ha comido
comemos	comimos	comíamos	comeremos	hemos comido
coméis	comisteis	comíais	comeréis	habéis comido
comen	comieron	comían	comerán	han comido

Pret. pluscuamperfecto	Imperativo afirmativo/negativo	Presente de subjuntivo
había comido	come / no comas (tú)	coma
habías comido	coma / no coma (Vd.)	comas
había comido	comed / no comáis (vosotros)	coma
habíamos comido	coman / no coman (Vdes.)	comamos
habíais comido		comáis
habían comido		coman

VIVIR

Presente ind.	Pret. indefinido	Pret. imperfecto	Futuro	Pret. perfecto
vivo	viví	vivía	viviré	he vivido
vives	viviste	vivías	vivirás	has vivido
vive	vivió	vivía	vivirá	ha vivido
vivimos	vivimos	vivíamos	viviremos	hemos vivido
vivís	vivisteis	vivíais	viviréis	habéis vivido
viven	vivieron	vivían	vivirán	han vivido

Pret. pluscuamperfecto	Imperativo afirmativo/negativo	Presente de subjuntivo
había vivido	vive / no vivas (tú)	viva
habías vivido	viva / no viva (Vd.)	vivas
había vivido	vivid / no viváis (vosotros)	viva
habíamos vivido	vivan / no vivan (Vdes.)	vivamos
habíais vivido		viváis
habían vivido		vivan

VERBOS IRREGULARES

ACORDAR(SE)

Presente ind.	Pret. indefinido	Futuro	Imperativo	Presente sub.
(me) acuerdo	acordé	acordaré	acuérda(te) (tú)	acuerde
(te) acuerdas	acordaste	acordarás	acuérde(se) (Vd.)	acuerdes
(se) acuerda	acordó	acordará	acorda(os) (vosotros)	acuerde
(nos) acordamos	acordamos	acordaremos	acuérden(se) (Vdes.)	acordemos
(os) acordáis	acordasteis	acordaréis		acordéis
(se) acuerdan	acordaron	acordarán		acuerden

ACOSTAR(SE)

Presente ind.	Pret. indefinido	Futuro	Imperativo	Presente sub.
(me) acuesto	acosté	acostaré	acuésta(te) (tú)	acueste
(te) acuestas	acostaste	acostarás	acuéste(se) (Vd.)	acuestes
(se) acuesta	acostó	acostará	acosta(os) (vosotros)	acueste
(nos) acostamos	acostamos	acostaremos	acuésten(se) (Vdes.)	acostemos
(os) acostáis	acostasteis	acostaréis		acostéis
(se) acuestan	acostaron	acostarán		acuesten

ANDAR

Presente ind.	Pret. indefinido	Futuro	Imperativo	Presente sub.
ando	anduve	andaré	anda (tú)	ande
andas	anduviste	andarás	ande (Vd.)	andes
anda	anduvo	andará	andad (vosotros)	ande
andamos	anduvimos	andaremos	anden (Vdes.)	andemos
andáis	anduvisteis	andaréis		andéis
andan	anduvieron	andarán		anden

APROBAR

Presente ind.	Pret. indefinido	Futuro	Imperativo	Presente sub.
apruebo	aprobé	aprobaré	aprueba (tú)	apruebe
apruebas	aprobaste	aprobarás	apruebe (Vd.)	apruebes
aprueba	aprobó	aprobará	aprobad (vosotros)	apruebe
aprobamos	aprobamos	aprobaremos	aprueben (Vdes.)	aprobemos
aprobáis	aprobasteis	aprobaréis		aprobéis
aprueban	aprobaron	aprobarán		aprueben

CERRAR

Presente ind.	Pret. indefinido	Futuro	Imperativo	Presente sub.
cierro	cerré	cerraré	cierra (tú)	cierre
cierras	cerraste	cerrarás	cierre (Vd.)	cierres
cierra	cerró	cerrará	cerrad (vosotros)	cierre
cerramos	cerramos	cerraremos	cierren (Vdes.)	cerremos
cerráis	cerrasteis	cerraréis		cerréis
cierran	cerraron	cerrarán		cierren

CONOCER

Presente ind.	Pret. indefinido	Futuro	Imperativo	Presente sub.
conozco	conocí	conoceré	conoce (tú)	conozca
conoces	conociste	conocerás	conozca (Vd.)	conozcas
conoce	conoció	conocerá	conoced (vosotros)	conozca
conocemos	conocimos	conoceremos	conozcan (Vdes.)	conozcamos
conocéis	conocisteis	conoceréis		conozcáis
conocen	conocieron	conocerán		conozcan

DAR

Presente ind.	Pret. indefinido	Futuro	Imperativo	Presente sub.
doy	di	daré	da (tú)	dé
das	diste	darás	dé (Vd.)	des
da	dio	dará	dad (vosotros)	dé
damos	dimos	daremos	den (Vdes.)	demos
dais	disteis	daréis		deis
dan	dieron	darán		den

DECIR

Presente ind.	Pret. indefinido	Futuro	Imperativo	Presente sub.
digo	dije	diré	di (tú)	diga
dices	dijiste	dirás	diga (Vd.)	digas
dice	dijo	dirá	decid (vosotros)	diga
decimos	dijimos	diremos	digan (Vdes.)	digamos
decís	dijisteis	diréis		digáis
dicen	dijeron	dirán		digan

DESPERTAR(SE)

Presente ind.	Pret. indefinido	Futuro	Imperativo	Presente sub.
(me) despierto	desperté	despertaré	despierta (tú)	despierte
(te) despiertas	despertaste	despertarás	despierte (Vd.)	despiertes
(se) despierta	despertó	despertará	desperta(os) (vosotros)	despierte
(nos) despertamos	despertamos	despertaremos	despierten (Vdes.)	despertemos
(os) despertáis	despertasteis	despertaréis		despertéis
(se) despiertan	despertaron	despertarán		despierten

DIVERTIR(SE)

Presente ind.	Pret. indefinido	Futuro	Imperativo	Presente sub.
(me) divierto	divertí	divertiré	diviérte(te) (tú)	divierta
(te) diviertes	divertiste	divertirás	diviérta(se) (Vd.)	diviertas
(se) divierte	divirtió	divertirá	divertí(os) (vosotros)	divierta
(nos) divertimos	divertimos	divertiremos	diviértan(se) (Vdes.)	divirtamos
(os) divertís	divertisteis	divertiréis		divirtáis
(se) divierten	divirtieron	divertirán		diviertan

DORMIR

Presente ind.	Pret. indefinido	Futuro	Imperativo	Presente sub.
duermo	dormí	dormiré	duerme (tú)	duerma
duermes	dormiste	dormirás	duerma (Vd.)	duermas
duerme	durmió	dormirá	dormid (vosotros)	duerma
dormimos	dormimos	dormiremos	duerman (Vdes.)	durmamos
dormís	dormisteis	dormiréis		durmáis
duermen	durmieron	dormirán		duerman

EMPEZAR

Presente ind.	Pret. indefinido	Futuro	Imperativo	Presente sub.
empiezo	empecé	empezaré	empieza (tú)	empiece
empiezas	empezaste	empezarás	empiece (Vd.)	empieces
empieza	empezó	empezará	empezad (vosotros)	empiece
empezamos	empezamos	empezaremos	empiecen (Vdes.)	empecemos
empezáis	empezasteis	empezaréis		empecéis
empiezan	empezaron	empezarán		empiecen

ENCONTRAR

Presente ind.	Pret. indefinido	Futuro	Imperativo	Presente sub.
encuentro	encontré	encontraré	encuentra (tú)	encuentre
encuentras	encontraste	encontrarás	encuentre (Vd.)	encuentres
encuentra	encontró	encontrará	encontrad (vosotros)	encuentre
encontramos	encontramos	encontraremos	encuentren (Vdes.)	encontremos
encontráis	encontrasteis	encontraréis		encontréis
encuentran	encontraron	encontrarán		encuentren

ESTAR

Presente ind.	Pret. indefinido	Futuro	Imperativo	Presente sub.
estoy	estuve	estaré	está / no estés (tú)	esté
estás	estuviste	estarás	esté / no esté (Vd.)	estés
está	estuvo	estará	estad / no estéis (vosotros)	esté
estamos	estuvimos	estaremos	estén / no estén(Vdes.)	estemos
estáis	estuvisteis	estaréis		estéis
están	estuvieron	estarán		estén

HACER

Presente ind.	Pret. indefinido	Futuro	Imperativo	Presente sub.
hago	hice	haré	haz / no hagas (tú)	haga
haces	hiciste	harás	haga / no haga (Vd.)	hagas
hace	hizo	hará	haced / no hagáis (vosotros)	haga
hacemos	hicimos	haremos	hagan / no hagan (Vdes.)	hagamos
hacéis	hicisteis	haréis		hagáis
hacen	hicieron	harán		hagan

HABER

Presente ind.	Pret. indefinido	Futuro	Imperativo	Presente sub.
he	hube	habré	he / no hayas (tú)	haya
has	hubiste	habrás	haya / no haya (Vd.)	hayas
ha	hubo	habrá	habed / no hayáis (vosotros)	haya
hemos	hubimos	habremos	hayan / no hayan (Vdes.)	hayamos
habéis	hubisteis	habréis		hayáis
han	hubieron	habrán		hayan

IR

Presente ind.	Pret. indefinido	Futuro	Imperativo	Presente sub.
voy	fui	iré	ve / no vayas (tú)	vaya
vas	fuiste	irás	vaya / no vaya (Vd.)	vayas
va	fue	irá	id / no vayáis (vosotros)	vaya
vamos	fuimos	iremos	vayan / no vayan (Vdes.)	vayamos
vais	fuisteis	iréis		vayáis
van	fueron	irán		vayan

JUGAR

Presente ind.	Pret. indefinido	Futuro	Imperativo	Presente sub.
juego	jugué	jugaré	juega / no juegues (tú)	juegue
juegas	jugaste	jugarás	juegue / no juegue(Vd.)	juegues
juega	jugó	jugará	jugad / no juguéis (vosotros)	juegue
jugamos	jugamos	jugaremos	jueguen / no jueguen (Vdes.)	juguemos
jugáis	jugasteis	jugaréis		juguéis
juegan	jugaron	jugarán		jueguen

LEER

Presente ind.	Pret. indefinido	Futuro	Imperativo	Presente sub.
leo	leí	leeré	lee /no leas (tú)	lea
lees	leíste	leerás	lea / no lea (Vd.)	leas
lee	leyó	leerá	leed / no leáis (vosotros)	lea
leemos	leímos	leeremos	lean / no lean (Vdes.)	leamos
leéis	leísteis	leeréis		leáis
leen	leyeron	leerán		lean

OÍR

Presente ind.	Pret. indefinido	Futuro	Imperativo	Presente sub.
oigo	oí	oiré	oye / no oigas (tú)	oiga
oyes	oíste	oirás	oiga / no oiga (Vd.)	oigas
oye	oyó	oirá	oíd / no oigáis (vosotros)	oiga
oímos	oímos	oiremos	oigan / no oigan (Vdes.)	oigamos
oís	oísteis	oiréis		oigáis
oyen	oyeron	oirán		oigan

PEDIR

Presente ind.	Pret. indefinido	Futuro	Imperativo	Presente sub.
pido	pedí	pediré	pide / no pidas (tú)	pida
pides	pediste	pedirás	pida / no pida (Vd.)	pidas
pide	pidió	pedirá	pedid / no pidáis (vosotros)	pida
pedimos	pedimos	pediremos	pidan / no pidan (Vdes.)	pidamos
pedís	pedisteis	pediréis		pidáis
piden	pidieron	pedirán		pidan

PREFERIR

Presente ind.	Pret. indefinido	Futuro	Imperativo	Presente sub.
prefiero	preferí	preferiré	prefiere / no prefieras (tú)	prefiera
prefieres	preferiste	preferirás	prefiera / no prefiera (Vd.)	prefieras
prefiere	prefirió	preferirá	preferid / no prefiráis (vosotros)	prefiera
preferimos	preferimos	preferiremos	prefieran / no prefieran (Vdes.)	prefiramos
preferís	preferisteis	preferiréis		prefiráis
prefieren	prefirieron	preferirán		prefieran

PODER

Presente ind.	Pret. indefinido	Futuro	Imperativo	Presente sub.
puedo	pude	podré	puede / no puedas (tú)	pueda
puedes	pudiste	podrás	pueda / no pueda (Vd.)	puedas
puede	pudo	podrá	poded / no podáis (vosotros)	pueda
podemos	pudimos	podremos	puedan / no puedan (Vdes.)	podamos
podéis	pudisteis	podréis		podáis
pueden	pudieron	podrán		puedan

PONER

Presente ind.	Pret. indefinido	Futuro	Imperativo	Presente sub.
pongo	puse	pondré	pon / no pongas (tú)	ponga
pones	pusiste	pondrás	ponga / no ponga (Vd.)	pongas
pone	puso	pondrá	poned / no pongáis (vosotros)	ponga
ponemos	pusimos	pondremos	pongan / no pongan (Vdes.)	pongamos
ponéis	pusisteis	pondréis		pongáis
ponen	pusieron	pondrán		pongan

QUERER

Presente ind.	Pret. indefinido	Futuro	Imperativo	Presente sub.
quiero	quise	querré	quiere / no quieras (tú)	quiera
quieres	quisiste	querrás	quiera / no quiera (Vd.)	quieras
quiere	quiso	querrá	quered / no queráis (vosotros)	quiera
queremos	quisimos	querremos	quieran / no quieran (Vdes.)	queramos
queréis	quisisteis	querréis		queráis
quieren	quisieron	querrán		quieran

RECORDAR

Presente ind.	Pret. indefinido	Futuro	Imperativo	Presente sub.
recuerdo	recordé	recordaré	recuerda / no recuerdes (tú)	recuerde
recuerdas	recordaste	recordarás	recuerde / no recuerde (Vd.)	recuerdes
recuerda	recordó	recordará	recordad / no recordéis (vosotros)	recuerde
recordamos	recordamos	recordaremos	recuerden / no recuerden (Vdes.)	recordemos
recordáis	recordasteis	recordaréis		recordéis
recuerdan	recordaron	recordarán		recuerden

SABER

Presente ind.	Pret. indefinido	Futuro	Imperativo	Presente sub.
sé	supe	sabré	sabe / no sepas (tú)	sepa
sabes	supiste	sabrás	sepa / no sepa (Vd.)	sepas
sabe	supo	sabrá	sabed / no sepáis (vosotros)	sepa
sabemos	supimos	sabremos	sepan / no sepan (Vdes.)	sepamos
sabéis	supisteis	sabréis		sepáis
saben	supieron	sabrán		sepan

SALIR

Presente ind.	Pret. indefinido	Futuro	Imperativo	Presente sub.
salgo	salí	saldré	sal / no salgas (tú)	salga
sales	saliste	saldrás	salga / no salga (Vd.)	salgas
sale	salió	saldrá	salid / no salgáis (vosotros)	salga
salimos	salimos	saldremos	salgan / no salgan (Vdes.)	salgamos
salís	salisteis	saldréis		salgáis
salen	salieron	saldrán		salgan

SEGUIR

Presente ind.	Pret. indefinido	Futuro	Imperativo	Presente sub.
sigo	seguí	seguiré	sigue / no sigas (tú)	siga
sigues	seguiste	seguirás	siga / no siga (Vd.)	sigas
sigue	siguió	seguirá	seguid / no sigáis (vosotros)	siga
seguimos	seguimos	seguiremos	sigan / no sigan (Vdes.)	sigamos
seguís	seguisteis	seguiréis		sigáis
siguen	siguieron	seguirán		sigan

SER

Presente ind.	Pret. indefinido	Futuro	Imperativo	Presente sub.
soy	fui	seré	sé / no seas (tú)	sea
eres	fuiste	serás	sea / no sea (Vd.)	seas
es	fue	será	sed / no seáis (vosotros)	sea
somos	fuimos	seremos	sean / no sean (Vdes.)	seamos
sois	fuisteis	seréis		seáis
son	fueron	serán		sean

SERVIR

Presente ind.	Pret. indefinido	Futuro	Imperativo	Presente sub.
sirvo	serví	serviré	sirve / no sirvas (tú)	sirva
sirves	serviste	servirás	sirva / no sirva (Vd.)	sirvas
sirve	sirvió	servirá	servid / no sirváis (vosotros)	sirva
servimos	servimos	serviremos	sirvan / no sirvan (Vdes.)	sirvamos
servís	servisteis	serviréis		sirváis
sirven	sirvieron	servirán		sirvan

TRADUCIR

Presente ind.	Pret. indefinido	Futuro	Imperativo	Presente sub.
traduzco	traduje	traduciré	traduce / no traduzcas (tú)	traduzca
traduces	tradujiste	traducirás	traduzca / no traduzca (Vd.)	traduzcas
traduce	tradujo	traducirá	traducid / no traduzcáis (vosotros)	traduzca
traducimos	tradujimos	traduciremos	traduzcan / no traduzcan (Vdes.)	traduzcamos
traducís	tradujisteis	traduciréis		traduzcáis
traducen	tradujeron	traducirán		traduzcan

VENIR

Presente ind.	Pret. indefinido	Futuro	Imperativo	Presente sub.
vengo	vine	vendré	ven / no vengas (tú)	venga
vienes	viniste	vendrás	venga / no venga (Vd.)	vengas
viene	vino	vendrá	venid / no vengáis (vosotros)	venga
venimos	vinimos	vendremos	vengan / no vengan (Vdes.)	vengamos
venís	vinisteis	vendréis		vengáis
vienen	vinieron	vendrán		vengan

Transcripciones

UNIDAD 1

A. ¿Cómo estás?

8. Pista 2

A. Richard, ¿cómo te llamas de apellido?
B. Shade. S-h-a-d-e.
A. ¿Y de dónde eres?
B. Soy inglés, de Brighton, pero ahora vivo aquí en Madrid.
A. Ya, ¿y a qué te dedicas?
B. Trabajo en una empresa de ordenadores, soy informático.
A. ¿Y en qué calle vives?
B. En el centro, en la calle Goya, número 37, 5.º izquierda.
A. ¿Por qué estudias español?
B. Hombre, porque ahora estoy trabajando aquí y necesito comunicarme con mis compañeros, pero también porque me gusta el idioma, y los españoles. Y en el futuro, ¿quién sabe?, a lo mejor me voy a un país de Sudamérica.
A. ¿Qué te gusta hacer en tu tiempo libre?
B. Me gusta mucho ir al cine, el fútbol, salir con los amigos y, bueno, jugar con los ordenadores.

C. Unas vacaciones inolvidables

5. Pista 4

A. ¿Adónde fuiste de vacaciones el año pasado, Pablo?
B. No quiero recordarlo, fui a Noruega.
A. ¿Y qué te pasó?
B. Bueno, fui en tren y tardé dos días en llegar a Oslo, el viaje fue larguísimo. Cuando llegué, hacía mucho frío y llovía (¡en agosto!) y no tenía ropa adecuada. Por la noche no encontré sitio libre en el albergue de estudiantes y tuve que ir a un hotel. No tienes idea de lo caros que son los hoteles de Oslo. Estuve tres días sin poder salir del hotel por la lluvia y el frío. Y me gasté todo el dinero en el hotel. Así que a los tres días recogí mis cosas y volví a España.
A. ¡Vaya, hombre!
B. Sí, lo mejor fue que el día que cogí el tren para volver salió el sol.

8. Pista 5

Ayer domingo, Rafael se levantó a las 10, se duchó, desayunó tranquilamente y salió a pasear con su perro. Más tarde compró el periódico y, al volver a casa, empezó a llover. Con la lluvia se mojó, se resfrió y, cuando llegó a su casa, se acostó.

UNIDAD 2

A. ¿Quieres ser millonario?

3. Pista 6

PRESENTADOR:	Buenas tardes, señoras y señores, otro día estamos con ustedes para ofrecerles el concurso "¿Quiere ser millonario?". Tenemos dos concursantes, que ustedes ya conocen de la semana pasada. El señor González, de Salamanca, y la señora Buitrago, de Madrid. Empezamos. Señor González, pregunta número 1: ¿Dónde se encuentra la pirámide del Sol? ¿En Egipto, en la India o en México?
SR. GONZÁLEZ:	En México.
PRESENTADOR:	Muy bien. Ha ganado usted 100 euros. Ahora le toca a usted, señora Buitrago, ¿quién fue el primer hombre que pisó la Luna? ¿Amstrong, Collins o Nixon?
SRA. BUITRAGO:	Amstrong.
PRESENTADOR:	¡Correcto! Ha ganado usted otros 100 euros. Ahora le toca al señor González. Por 150 euros, ¿qué novela dio fama a Cervantes? *¿Las mil y una noches, El Quijote o Romeo y Julieta?*
SR. GONZÁLEZ:	*Romeo y Julieta.*
PRESENTADOR:	No, lo siento. Cervantes escribió *El Quijote*. Veamos, señora Buitrago, pregunta número 4, ¿cuál es la capital de Dinamarca: Copenhague, Estocolmo o París?
SRA. BUITRAGO:	Copenhague.
PRESENTADOR:	Acaba usted de ganar 200 euros más. Señora Buitrago. ¿Puede decirme de qué país fue presidente Nelson Mandela, de la India, Marruecos o Suráfrica?
SRA. BUITRAGO:	De la India.
PRESENTADOR:	Incorrecto. La respuesta correcta es Suráfrica. Lo siento mucho. Y, para terminar, la última pregunta por 250 euros, dígame, señor González, ¿cuántos músicos formaban los Beatles: 5, 3 o 4?
SR. GONZÁLEZ:	Cuatro.
PRESENTADOR:	¡Muy bien! 250 euros más para usted. Continuamos la próxima semana a esta misma hora. Buenas tardes a todos.

7. Pista 7

ENTREVIST.: Hoy tenemos con nosotros a Carlos Hernández, destacado ciclista del pelotón español. ¿Qué tal, Carlos?

CARLOS: Muy bien, encantado de estar con vosotros.

ENTREVIST.: Nuestros oyentes quieren saber algunas cosas sobre tu vida. Por ejemplo: ¿dónde vives?

CARLOS: Vivo en Toledo, una ciudad histórica al sur de Madrid.

ENTREVIST.: ¿A qué hora te levantas?

CARLOS: Me levanto a las seis de la mañana y a las siete empiezo a entrenar.

ENTREVIST.: ¿Cuántos días entrenas?

CARLOS: Todos los días, menos uno.

ENTREVIST.: ¿Qué día descansas?

CARLOS: Normalmente, mi día de descanso es el lunes.

ENTREVIST.: Suponemos que llevas una dieta especial. ¿Cuánta agua bebes?

CARLOS: Bebo tres litros de agua al día. Beber líquido es muy importante.

ENTREVIST.: ¿Y qué comes?

CARLOS: Como mucha pasta y alimentos energéticos: frutos secos, verduras y… chocolate. ¡Me encanta el chocolate!

ENTREVIST.: Muy bien, Carlos, muchas gracias por contestar nuestras preguntas.

B. Biografías

5. Pista 9

CELIA CRUZ, la *Reina de la Salsa,* nació el 21 de octubre de 1929 en la Habana, Cuba. Celia empezó a cantar desde pequeña, y lo hacía muy bien.

En 1947 recibió un premio por cantar en la radio y entonces empezó a estudiar música.

En 1950 empezó a trabajar en la banda musical La Sonora Matancera, y con ese grupo dejó la Cuba de Fidel Castro en julio 1960 y se instaló en Estados Unidos.

En Estados Unidos grabó varios discos con Tito Puente y con otros salseros reconocidos a nivel mundial.

Durante los años 90 recibió muchos premios, pero el más memorable es quizás el que recibió de manos del presidente de Estados Unidos, Bill Clinton, el Dote Nacional por las Artes.

La *Reina de la Salsa* falleció el 16 de julio de 2003 en Nueva Jersey a causa de un cáncer.

C. Islas del Caribe

2. Pista 10

Las islas del Caribe forman una cadena desde la costa de Florida hasta Venezuela. Cuentan con unas hermosas playas, a las que los turistas acuden en masa.

CUBA. Es el único estado comunista del continente americano, y Fidel Castro es su presidente desde 1959. Tiene una superficie de 110.860 km^2. Consiguió la independencia de España en 1898. Tiene una población de más de 10 millones de habitantes. El 40% de la población es católica, y el 55% no practica ninguna religión. Su idioma oficial es el español.

JAMAICA. Es la tercera isla caribeña por su tamaño, 10.990 km^2. Políticamente es una democracia parlamentaria y consiguió su independencia del Reino Unido en 1962. Su idioma oficial es el inglés. La mayor parte de sus ingresos procede del turismo.

REPÚBLICA DOMINICANA. Es la segunda isla más grande del Caribe, con una superficie de 48.730 km^2 y con una población de 7.500.000 habitantes. En 1865 consiguió su independencia de España. Su idioma oficial es el español.

7. Pista 12

a. veintidós de agosto de mil novecientos cincuenta y tres.

b. once de marzo de mil novecientos catorce.

c. catorce de abril de dos mil tres.

d. cinco de junio de mil setecientos ochenta y nueve.

e. treinta de septiembre de mil cuatrocientos noventa y tres.

f. cuatro de julio de mil novecientos cuarenta y cinco.

11. Pista 13

EVA MARÍA SE FUE

Eva María se fue buscando el sol en la playa

Con su maleta de piel y su bikini de rayas

Ella se marchó y sólo me dejó recuerdos de su ausencia

Sin la menor indulgencia Eva María se fue

Paso las noches así pensando en Eva María

Cuando no puedo dormir miro su fotografía

Qué bonita está bañándose en el mar

Tostándose en la arena

Mientras yo siento la pena de vivir sin su amor

Qué voy hacer Qué voy hacer

Qué voy hacer Si Eva María se fue…

Qué voy hacer Qué voy hacer

Qué voy hacer Si Eva María se fue…

Apenas puedo vivir pensando si ella me quiere

Si necesita de mí y si es amor lo que siente

Ella se marchó y sólo me dejó recuerdos de su ausencia

Sin la menor indulgencia Eva María se fue

Qué voy hacer Qué voy hacer

Qué voy hacer Si Eva María se fue…

Qué voy hacer Qué voy hacer

Qué voy hacer Si Eva María se fue…

Eva María se fue buscando el sol en la playa

Con su maleta de piel y su bikini de rayas

UNIDAD 3

A. La boda de Pili

4. Pista 16

VIRGINIA: Pili, ¿qué tal lo pasasteis en la boda?

PILI: Nos lo pasamos muy bien. Mira, te voy a enseñar las fotos para que conozcas a mi familia. Estos son mis padres: mi padre se llama Jacinto, y mi madre, Pilar.

VIRGINIA: ¿Y quién es este chico tan alto?

PILI: Es mi hermano Jacinto. Es muy divertido, pero en la foto está muy serio. Su mujer se llama Bárbara; es mi nueva cuñada, ya sabes que mi hermano estaba divorciado.

VIRGINIA: La del pelo corto es tu hermana, ¿no?

PILI: Sí, mírala en esta foto. Está con su marido, mi cuñado Nacho. Son muy simpáticos. Yo les quiero mucho.

VIRGINIA: ¿Y todos estos niños?

PILI: Son mis sobrinos. Ana y Pablo son los hijos de mi hermana, y David y Sergio son los de mi hermano. Los cuatro primos se quieren mucho. Les encanta estar juntos.

VIRGINIA: Entonces, ¿tus padres tienen ya cuatro nietos?

PILI: Y otra sobrina que viene de camino.

VIRGINIA: ¿Y tu marido?

PILI: Aquí está, en esta foto. Mira qué cariñosos estamos. Carlos estaba muy contento, en todas las fotos sale riéndose.

VIRGINIA: ¿Y el viaje de novios?

PILI: Nos fuimos a Costa Rica y…

B. ¿Cómo te ha ido hoy?

4. Pista 18

ALBERTO: ¿Qué tal? ¿Cómo te ha ido hoy?

ANA: El día ha sido terrible. Juan y yo hemos tenido una reunión de cuatro horas con los clientes japoneses y luego hemos terminado el informe para la Comisión Económica. Y tú, ¿qué tal?

ALBERTO: Yo también he tenido hoy mucho trabajo. Primero, he llevado a los niños al colegio, después he hecho la compra y luego he planchado la ropa antes de hacer la comida. Por la tarde los niños y yo hemos estado en el parque con los amiguitos de Pablo.

ANA: ¡Uff, qué día! Ahora nos queda un ratito para descansar y ver la televisión.

C. No se puede mirar

4. Pista 19

ENTREVIST.: Svieta, ¿qué te chocó más cuando llegaste a España?

SVIETA L.: A mi hermano y a mí lo primero que nos sorprendió al llegar a España fue que cuando encuentras a un conocido hay que darle dos besos, porque en nuestro país se hace sólo con los parientes. Al principio nos pareció muy raro, pero con el tiempo acabas haciendo lo mismo.

En nuestro país, cuando entras a una casa hay que dejar los zapatos fuera. En España aprendes que no hay nada malo en estar en casa con los zapatos puestos.

Hay otras diferencias, por ejemplo, en el sistema de enseñanza: en Bielorrusia un profesor jamás podrá estar sentado encima de su mesa. Y no se puede llamar de "tú" a un profesor. Siempre hay que levantarse cuando el profesor entra en el aula a dar clase. Pero todo esto está empezando a cambiar.

Hay muchas cosas positivas en España. La gente es más tranquila, amistosa, y se ríen mucho, pero para adaptarte bien a un país extranjero hay que conocer su idioma.

UNIDAD 4

A. Un lugar para vivir

2. Pista 23

1. VENDEDOR: Buenos días, ¿en qué puedo ayudarte?

ROBERTO: Buenos días, estoy buscando un apartamento o un estudio, algo pequeño y barato para vivir mientras estudio.

VENDEDOR: ¿Dónde, en el centro o en un barrio?

ROBERTO: No exactamente en el centro, prefiero que esté cerca de la universidad, para no tener que usar el autobús…

2. VENDEDOR: Así que ustedes quieren un chalé.

SEÑOR: Sí, nos interesa un chalé, es que necesitamos un jardín para los niños y el perro, ¿sabe?

VENDEDOR: ¿Y lo quieren muy grande?

SEÑORA: Bueno, no mucho, no tenemos mucho dinero. Puede ser un chalé adosado con tres dormitorios, un salón comedor y dos cuartos de baño, eso sí.

3. VENDEDOR: ¿Qué están buscando exactamente?

SEÑOR: Pues, mire usted, nosotros queremos vender el piso de Barcelona porque es demasiado grande para dos y nos gustaría comprar una casita en la playa. Eso sí, tiene que ser de una sola planta porque no podemos subir muchas escaleras…

También me gustaría tener una cocina amplia, porque a mí me gusta mucho cocinar.

B. ¿Qué pasará?

11. Pista 25

Si mi partido gana las elecciones, crearemos más puestos de trabajo.

Si ustedes nos votan, nosotros subiremos las pensiones.

Si salgo elegido, les prometo que el gobierno gastará más dinero en educación y sanidad.

Por último, les prometo que todo el mundo tendrá lo que necesita si ustedes votan a mi partido.

C. ¿Quién te lo ha regalado?

3. Pista 26

1. A. ¿Y estos vaqueros?, ¿de quién son?
   B. Son míos.
   A. ¡Qué bonitos! ¿Me los dejas?
   B. Sí, claro, llévatelos.
2. A. Nuria, ¿es tuyo este cinturón?
   B. No, el mío es más ancho que este.
3. A. ¿De quién es esta raqueta?
   B. Mía.
   A. ¿Es nueva?
   B. Sí, me la ha comprado mi madre.
4. A. ¡Qué pendientes tan bonitos! ¿Quién te los ha regalado?
   B. ¿Te gustan? Me los ha regalado mi novio.

7. Pista 27

IRENE: Carlos, ¿puedes venir?

CARLOS: Sí, claro, ahora mismo voy.

IRENE: ¿Qué tal la semana?

CARLOS: Bien, con mucho trabajo, como siempre.

IRENE: Bueno, vamos a ver, ¿has enviado la información de las novedades al resto de los departamentos?

CARLOS: Sí, se la pasé el martes a Cristina, y creo que ella la ha enviado a los otros departamentos.

IRENE: ¿Y el presupuesto para el director general?

CARLOS: No, no se lo he enviado todavía porque no lo he terminado, necesito un poco más de tiempo.

IRENE: ¿Y qué tal la entrevista con el director del banco?

CARLOS: Bueno, le llamé pero no me ha dado la respuesta, lo llamaré otra vez.

IRENE: ¿Les has pasado las facturas a los compañeros de contabilidad?

CARLOS: Sí, se las pasé el miércoles.

IRENE: ¿Y qué tal el pedido para los clientes de Sevilla, lo has enviado?

CARLOS: No hay ningún problema, se lo envié todo al señor Torres, el comercial.

UNIDAD 5

A. No había tantos coches

5. Pista 30

PALOMA: Estoy preocupada. Esta mañana mi hijo Arturo ha vuelto a casa a las cinco…, todos los fines de semana, igual.

AURORA: Es normal, ahora todos los chicos hacen lo mismo, no te preocupes… ¿Tú a qué hora volvías a casa cuando eras joven?

PALOMA: Yo, a su edad, los sábados tenía que volver a casa a las 11, como muy tarde… es que mi padre era muy estricto.

AURORA: Yo no tenía ese problema porque estudiaba en Salamanca y mis padres vivían en el pueblo, pero cuando iba en verano al pueblo no podía llevar minifalda, ni fumar en la casa, ni salir de noche.

JAIME: A mí no me ponían hora para volver a casa…

PALOMA: Claro, a los chicos los educaban de otra manera, pero también tenían sus problemas. Por ejemplo, mi hermano no podía llevar el pelo ni un centímetro más largo de lo que decía mi padre.

JAIME: ¡Ja, ja! Sí, es verdad, menudas broncas había en las familias por ese motivo, ya me acuerdo, era la época de los Beatles y todos queríamos llevar melena como ellos y tocar la guitarra. Recuerdo que yo formé un grupo, y tocábamos en casa los sábados. Yo tocaba la batería y mis padres estaban desesperados. A los cinco meses nos cansamos y lo dejamos…

AURORA: Yo creo que nuestro padres también sufrían con nosotros, como ahora nosotros con nuestros hijos.

B. Yo no gano tanto como tú

4. Pista 31

LUIS: ¡Sí, dígame!

CELIA: ¡Hola, Luis! Soy Celia.

LUIS: ¿Qué tal Celia? ¿Cómo estás?

CELIA: Muy bien. ¿Y a ti, cómo te va por Cercedilla? ¿Llevas una vida más divertida que en Madrid?

LUIS: ¿Más divertida? Bueno… no exactamente.

CELIA: Pero te gusta vivir allí, ¿no?

LUIS: Sí, eso sí. Hay menos contaminación que en Madrid.

CELIA: Eso seguro.

LUIS: Sí, además las casas son más grandes, con jardín y con vistas a la montaña.

CELIA: ¡Qué bien! ¿Y qué tal las tiendas?

LUIS: No hay muchas por aquí. Las tiendas son mejores en Madrid.

CELIA: ¿Y la gente?

LUIS: La gente por aquí es estupenda. Son mucho más tranquilos que en Madrid. No tienen tanta prisa.

CELIA: Bueno, pues el próximo fin de semana voy a hacerte una visita.

LUIS: Vale, venga… y te preparo un cocido montañero.

CELIA: Estupendo. Nos vemos el sábado.

C. Moverse por la ciudad

3. Pista 33

1. A. Perdone, ¿podría decirme dónde hay un puesto de periódicos?
   B. Siga recto y enfrente del banco, justo en la esquina, ahí lo encontrará.
2. A. Disculpe, estoy buscando una farmacia. ¿Sabe si hay alguna por aquí?
   B. ¿Ve usted esa iglesia? Pues detrás de la iglesia está la farmacia, al lado de la oficina de correos.
3. A. Por favor, ¿me podría indicar cómo llegar al ayuntamiento?
   B. Sí, claro. Siga todo recto y, en el cruce, tuerza a la derecha. Delante de la escuela está el ayuntamiento.

UNIDAD 6

A. Segunda mano

4. Pista 36

A. ¿Dígame?

B. ¡Hola, buenos días! ¿Es ahí donde venden una moto?

A. Sí, sí, aquí es.

B. El anuncio dice que es una Yamaha, ¿no?

A. Sí, efectivamente, es una Yamaha de 600 centímetros cúbicos.

B. ¿Y es muy antigua?

A. ¡No, qué va! Sólo tiene cuatro años.

B. ¿Y de qué color es?

A. Roja.

B. ¿Y cuánto pide?

A. 3.600 € al contado.

B. Bien, mmm… ¿Cuándo puedo verla?

A. Pues… esta tarde a las cuatro.

B. ¿Me puede decir la dirección?

A. Sí, claro. Calle Toledo, 23.

B. ¿Puede repetir, por favor?

A. Sí, calle Toledo, número 23.

B. Gracias, ¡hasta luego!

A. ¡Hasta luego!

8. Pista 37

REPORTERO: ¿En qué gastamos nuestro dinero durante el tiempo libre? Estamos haciendo una encuesta en la calle sobre las actividades de tiempo libre. Susana, ¿tú, en qué te gastas el dinero?

SUSANA: Bueno, después de los gastos habituales, no me sobra mucho, pero algo sí. Mi marido y yo salimos todos los fines de semana al cine y, si se puede, cenamos en un restaurante. También ahorramos algo para las vacaciones. Nos gusta mucho viajar por España y, especialmente, conocer los pueblos de la montaña.

REPORTERO: Y tú, Ángel, ¿cómo gastas tu dinero?

ÁNGEL: Bueno, teniendo en cuenta que soy estudiante, pues no tengo mucho, la verdad. Pero vaya, me encanta la música, así que gasto mucho en discos y voy a algún concierto de vez en cuando. También me gustan mucho los juegos de ordenador, así que, cuando puedo, me compro alguno, o los intercambio con otros colegas.

B. En la compra

3. Pista 38

VENDEDOR: Buenas tardes, ¿qué desea?

CLIENTE: Quería comprar unas naranjas de zumo.

VENDEDOR: ¿Cuántas quiere?

CLIENTE: Dos kilos.

VENDEDOR: Aquí las tiene, ¿algo más?

CLIENTE: Sí, también quiero una lechuga.

VENDEDOR: Lo siento, no me queda ninguna. ¿Quiere unas judías verdes?

CLIENTE: No, gracias. No quiero nada más. ¿Cuánto es?

VENDEDOR: 5,25 €.

CLIENTE: Tome, ¿puede darme una bolsa, por favor?

VENDEDOR: Sí, claro…Y aquí tiene sus vueltas. Muchas gracias.

CLIENTE: Adiós, muchas gracias.

C. Cocina fácil

2. Pista 41

Trocear un calamar. Machacar los ajos. Picar la cebolla.
Cocer en agua. Freír el pimiento.

3. Pista 43

Primero se lavan las gambas, el calamar y los mejillones. Después
se trocea el calamar.

En una paellera, se calienta el aceite y se fríen el pimiento y la
cebolla bien picada y luego el tomate. Cuando está todo frito, se
echan los mariscos y las verduras. Se deja cocer, a fuego lento, unos
diez minutos y luego se echa el arroz y a continuación el agua. La
cantidad de agua será el doble de la de arroz. El arroz cocerá unos
veinte minutos.

Mientras se cuece, en un mortero, se machacan los ajos con la sal,
el azafrán y se echa en la paellera. Se deja reposar unos minutos.

7. Pista 44

1. A. Por favor, pónganos dos cañas y un vino.
   B. ¿Quieren algo de tapa?
   C. Sí, pónganos tres tapas de morcilla.
2. A. ¿Qué tal está la paella?
   B. Está buenísima, y el salmón, ¿qué tal está?
   A. Está un poco soso. Camarero, traiga la sal, por favor.
3. A. ¿Qué van a comer?
   B. Yo quiero de primero ensaladilla rusa y de segundo ternera
   asada.
   C. Pues a mí póngame menestra de verduras y de segundo
   cordero.
   A. ¿Y de beber?, ¿qué quieren?
   B. Vino de la casa y agua, por favor.
4. A. Por favor, ¿me cobra?
   B. Sí, enseguida. Son 5,30 €.
   C. Deja, deja. Hoy me toca pagar a mí.
5. A. Buenas tardes. ¿Qué van a tomar?
   B. Pónganos dos cafés con leche y un té con limón.
   A. ¿Quieren algo de comer?
   B. Sí, traiga unos churros, por favor.

UNIDAD 7

A. Este verano, salud

7. Pista 46

DOCTOR: Buenas tardes, ¿qué le pasa?
JUAN: Mire, es que hemos estado en la playa y tengo la
espalda roja.

DOCTOR: A ver, quítese la camisa. Se ha quemado la espalda.
¿Cuánto tiempo ha estado al sol?
JUAN: Unas dos horas.
DOCTOR: ¿Y no se ha puesto crema protectora?
ELENA: Yo se lo he dicho, pero los hombres…
JUAN: Y también me duele la cabeza…
DOCTOR: Bueno, para tomar el sol hay que tomar precauciones.
Ahora póngase esta crema contra las quemaduras y
tómese estas pastillas para el dolor de cabeza. Y otra
vez, póngase crema protectora y cómprese una
sombrilla. No es bueno tomar tanto sol.
JUAN: Sí, doctor, gracias.

B. Mi jefe está de mal humor

4. Pista 47

1. A. Javier, ¿Qué te pasa?, tienes mala cara.
   B. Hoy he tenido mucho trabajo y estoy cansado.
2. A. Hola, María, ¿qué tal?
   B. Fatal, estoy harta de limpiar y de ordenar la casa, y mis hijos
   no ayudan nada.
3. A. Jesús, toma ya la sopa.
   B. No puedo, está muy caliente.
4. A. ¿Qué le pasa a Aida?
   B. No sé, está muy rara, yo creo que está enamorada.
5. A. Luis, tu mesa está muy desordenada, así no puedes estudiar
   bien.
6. A. ¿Por qué está deprimida Ana?
   B. Porque ha muerto su padre.

9. Pista 48

CARMEN: Hola, Marisa, ¿qué tal estás?
MARISA: Hola, Carmen. Bueno, yo no estoy mal, pero en mi
familia estamos regular.
CARMEN: ¿Qué ha pasado?
MARISA: Pues, mira, mi madre está enferma, tiene la tensión alta.
Mi padre está mejor, pero le duelen las piernas y no
puede andar mucho.
CARMEN: Ya…
MARISA: Y luego, mi hermano. Resulta que se ha separado de su
mujer y está deprimido.
CARMEN: ¡No me digas! ¿Cuándo ha sido?
MARISA: Estaban mal desde hace tiempo, pero este verano
tuvieron una pelea y decidieron separarse…
CARMEN: ¡Qué pena! ¿Y los niños?
MARISA: Los niños están con mi cuñada. Por eso mi hermano está
deprimido, porque no los ve…
CARMEN: Bueno, mujer, son cosas que pasan, con el tiempo se
pondrá bien.

MARISA: Sí, ¿y tú?, ¿qué tal tu familia?

CARMEN: Yo estoy bien, resulta que tengo un trabajo nuevo…

C. ¡Que te mejores!

5. Pista 49

MARIBEL: A ver, Roberto, ¿puedes decirme cuáles son tus expectativas para el futuro?

ROBERTO: Sí, claro. Primero, yo espero acabar mis estudios, luego espero encontrar algún trabajo, quizás en el extranjero, y vivir tranquilo.

MARIBEL: ¿No quieres casarte?

ROBERTO: Bueno, sí, si encuentro la mujer de mi vida espero casarme y tener hijos, pero más tarde. Y tú, Maribel, ¿qué deseos tienes para el futuro?

MARIBEL: Yo estoy casada y tengo un buen trabajo…, dos hijos, así que espero que mi hijo mayor sea músico, pues está estudiando piano, y mi hija creo que será periodista. Espero que tengan suerte, que les vaya bien en la vida, que no sufran, vamos, lo que quieren todas las madres para sus hijos.

UNIDAD 8

A. Buscando trabajo

6. Pista 52

ALICIA: Mira, aquí hay un anuncio donde necesitan un pintor de coches.

PEDRO: ¿Qué piden?

ALICIA: Piden algo de experiencia, tener el carné de conducir y vivir en Madrid.

PEDRO: ¡Ah, muy bien! Voy a llamar. Buenos días. Llamo por el anuncio del periódico. Soy pintor de coches y quiero enterarme de las condiciones del trabajo.

EMPRESARIO: Sí, dime, ¿qué quieres saber?

PEDRO: ¿Dónde está el taller?

EMPRESARIO: En el kilómetro 16 de la carretera de La Coruña.

PEDRO: Y, ¿qué horario de trabajo tienen?

EMPRESARIO: Empezamos a las ocho y media de la mañana y acabamos a las cinco y media de la tarde, con una hora para comer. Trabajamos un sábado sí y otro no.

PEDRO: ¿Y cuánto es el sueldo?

EMPRESARIO: Para empezar, son catorce pagas de 1.000 euros, y luego… ya hablaremos.

PEDRO: Bueno, pues… me pasaré mañana para hablar con ustedes…

9. Pista 53

ELENA: ¡Hola, Sofía! ¿Qué tal? ¿Has encontrado trabajo?

SOFÍA: Sí. Estoy trabajando de enfermera desde el mes pasado en el Hospital de San Rafael de Barcelona.

ELENA: ¿Trabajas mucho?

SOFÍA: Sí, es bastante duro porque cada semana cambio de turno: una semana trabajo por la mañana, otra por la tarde y la tercera por la noche. Luego tengo un descanso de cuatro o cinco días.

ELENA: ¿Te gusta tu trabajo?

SOFÍA: Bueno, es bastante agotador, pero me gusta mucho trabajar con los niños pequeños. Estoy en la sección de maternidad y cada día nacen varios bebés. Es un trabajo precioso. Las madres siempre están muy contentas con sus niños recién nacidos y a los padres se les cae la baba. De todas formas, me gustaría tener un turno fijo para poder seguir estudiando.

C. Excusas

3. Pista 54

1. ¡Hola, soy Carlos! He comprado las entradas para el concierto. ¿Quedamos mañana a las 5 de la tarde en la puerta del teatro?

2. Soy Paloma. Ya he terminado de leer tu libro. ¿A qué hora paso a dejártelo?

3. ¡Buenos días! Llamamos del supermercado. Su pedido ya está preparado. Puede recogerlo después de las cuatro.

4. ¡Hola, soy Manuel! La semana pasada me llamó Luisa. He quedado con ella para mañana por la mañana. ¿Te vienes a comer?

5. Llamo de la consulta del doctor Ramírez. La cita de mañana ha sido aplazada para el próximo viernes a la misma hora. Gracias.

UNIDAD 9

A. ¿Cuánto tiempo llevas esperando?

7. Pista 59

A. Chen

Mis padres tienen un restaurante en Toledo. Llevamos nueve años viviendo en España, y yo soy su traductor e intérprete porque ellos no hablan español, es demasiado difícil. Yo me encuentro bien tanto aquí como en China, pero me gusta un poco más la cultura española. Allí el nivel del colegio es más alto, los chicos tienen que trabajar más en el colegio, pero aquí la gente es más abierta y divertida. De mayor me gustaría estudiar Económicas. También me gusta mucho jugar al fútbol. Llevo tres años jugando en el equipo de mi barrio.

B. Miguel Thompson

Yo nací en Toledo, pero mis padres son británicos, así que no sé bien de dónde soy. Mis amigos ingleses me consideran español, y al revés, los españoles me llaman "el inglés". Yo me siento más pegado a las costumbres inglesas porque mis padres me han educado así. Ellos llevan viviendo aquí casi treinta años porque les gusta tanto el clima como las relaciones que hay en las familias españolas. Los ingleses son más reservados. Por otro lado, ser bilingüe tiene muchas ventajas, entiendes mejor a la gente, aunque a veces choco con personas muy cerradas.

B. ¿Qué has hecho el fin de semana?

2. Pista 60

1. CARLOS: ¡Hola, Pepa! ¿Qué tal el fin de semana?
   PEPA: Bien, el sábado fui al cine.
   CARLOS: ¿Y qué viste?
   PEPA: Una película argentina: *El hijo de la novia*.
   CARLOS: ¿Y qué tal?
   PEPA: Es una comedia muy divertida.

2. ALBERTO: ¿Qué tal, Beatriz? ¿Qué has hecho este fin de semana?
   BEATRIZ: Muy bien, el sábado fuimos a cenar a un restaurante catalán.
   ALBERTO: ¿Y el domingo, qué hicisteis?
   BEATRIZ: El domingo fuimos a la playa con los amigos de Juan y nos lo pasamos muy bien…

3. NURIA: ¡Hola, Mariano! ¿Qué tal lo habéis pasado este fin de semana?
   MARIANO: Bueno, la verdad es que no hemos hecho nada especial. Nos hemos quedado en casa para ver la final del Campeonato de Europa de Fútbol.
   NURIA: ¿Y qué tal el partido?
   MARIANO: Bastante aburrido.

C. ¿Qué te parece este…?

5. Pista 62

ENTREVIST.: Estamos haciendo una encuesta sobre los problemas que preocupan actualmente a los jóvenes. ¿Podéis contestarme?
JULIA: Sí, claro.
ENTREVIST.: ¿Veis la tele? ¿Leéis las noticias? ¿Qué pensáis de lo que pasa en el mundo?
ROBERTO: Bueno, sí, yo veo las noticias de la tele, pero no me importa mucho la política, a mí me preocupa la contaminación, eso sí, yo creo que cada día hay más contaminación en las playas, en el aire.

JULIA: A mí sí me interesa la política, lo que pasa es que no creo mucho en los políticos, pienso que no son sinceros.
ROBERTO: Eso, todos dicen que van a arreglar el problema del paro pero es dificilísimo encontrar un buen trabajo.
JULIA: Sí, los trabajos son cada vez peores: trabajamos más y ganamos menos. Y otro problema importante, creo yo, es la vivienda. Los pisos están carísimos, no podemos marcharnos de casa, toda la vida con nuestros padres…
ROBERTO: Jo, sí, ¡menudo rollo! Ahora yo estoy bien con mis padres, pero antes, todos los días discutíamos: por el pelo, por la ropa, por el *piercing*, por las tareas de la casa… La verdad es que si no tienes trabajo, ni tienes dinero, ¿adónde vas los fines de semana? Pues a beber alcohol al parque, que es más barato.
JULIA: Bueno, tampoco es eso, hay otras forma de pasar el fin de semana…

UNIDAD 10

A. ¿Qué piensas hacer estas vacaciones?

2. Pista 66

MARÍA: Yo pienso ir a Panamá a pasar un mes en un hospital de la selva con un proyecto de una ONG. El proyecto consiste en enseñar a las madres el cuidado médico de los niños: vacunaciones, alimentación, prevención de enfermedades, etcétera. Como estoy estudiando cuarto de carrera, es importante hacer prácticas de todo tipo.

PABLO: Yo quiero dedicarme a la traducción e interpretación de francés, y para aprender bien un idioma se necesita practicar todo lo que se pueda. Así que me voy a ir los tres meses de verano a París a trabajar. De momento tengo un contrato para trabajar en un hotel como limpiador de habitaciones. Luego, si me sale algo como traductor, me cambiaré.

ROSANA: Yo este año voy a tirar la casa por la ventana, ya que el año pasado no tuve vacaciones. ¡Voy a hacer un viaje a China! Es que me encanta viajar y todos mis ahorros los gasto en las vacaciones. Ya he viajado por Europa, Suramérica, Norte de África…, en fin, que me voy a China.

MIGUEL: ¿Qué planes tengo? Muy fácil. Del uno al quince de agosto vamos a ir a una playa de Almería, a un apartamento que hemos alquilado junto con unos amigos. Y luego, del 15 al 30, pues al pueblo de mi mujer, en León, como siempre. Allí mis suegros tienen una casa muy grande y a los niños les encanta estar en la calle todo el día.

B. Cuando tenga tiempo

3. Pista 67

PADRE:	Bueno, hija, que tengas un buen viaje.
ADRIANA:	Gracias, papá.
MADRE:	Cuando llegues a Buenos Aires, llama por teléfono a los tíos y diles a qué hora llega tu avión a Córdoba.
PADRE:	Y cuando llegues a Córdoba, escríbenos un e-mail.
ADRIANA:	Vale, os escribiré cuando llegue.
MADRE:	No te olvides de darle a cada uno su regalo.
ADRIANA:	Claro.
PADRE:	Cuando necesites algo en el avión, habla con la azafata.

C. ¿Para qué sirve esto?

3. Pista 68

PROFESOR: Empiezo. Es una cosa no muy grande, que se lleva en el bolsillo o en el bolso y sirve para abrir la puerta. ¿Qué es?

Palabra número dos. Es una profesión. Es un hombre, casi siempre, que conduce aviones. ¿Qué es?

Tres. Es un lugar donde se puede comprar sellos, tabaco, pipas y postales. ¿Qué es?

Cuatro. Es un animal que se parece a un caballo, pero que no lo es, vive en África y tiene la piel a rayas. ¿Qué es?

Cinco. Es un adjetivo para describir personas, es lo contrario de optimista. ¿Qué es?

Seis y última. Es una cosa muy útil que casi todo el mundo tiene en casa y que sirve para mantener la comida fría. ¿Qué es?